The First Book◉Temple and a Buddhist image

# 知識ゼロからの お寺と仏像入門

瓜生中

*Temple and a Buddhist image★Naka Uryu*

幻冬舎

▲斑鳩《いかるが》の名刹、法隆寺を望む

▲法隆寺の夢殿。現存最古の八角円堂

▲世界最大の木造建築、東大寺大仏殿

▲東大寺二月堂のお水取り。夜目にも鮮やかな大松明

▲悠久の時を刻む薬師寺の伽藍

▲平等院鳳凰堂の壮麗な姿。極楽浄土を思わせる

▲釈迦にゆかりの深い沙羅《さら》の花

▲凜冽《りんれつ》とした雪の中、高野山金剛峯寺のたたずまい

▲初不動のひとこま

知識ゼロからの

# お寺と仏像入門

# はじめに

今、古寺社巡りがブームだ。日本にはおびただしい数の神社仏閣があり、古来、信仰の対象として多くの参詣者を集めてきた。もちろん、今でも信仰を目的として寺社を巡る人は多い。しかし、近年、古寺社の歴史や建物、仏像などさまざまな事柄に興味を持ち、より深く鑑賞して心を豊かにしようとする人たちが急増している。そんな古寺社巡りが静かなブームになっているのである。

小著はそういう新しい古寺社巡りの一助となることを目指したものである。古寺を巡ると気になること、分からないことがたくさんある。そういった事柄の由来や意味が分かれば、古寺巡りはより興味ぶかく楽しいものになる。本書ではこの点に留意して、多くの人たちが関心を抱き、疑問に思われる事柄を厳選し、紹介した。

第1章では仏教や寺院についての基礎知識や、お寺に参詣するときの必要最低限のマナーなどについて述べた。第2章では寺院建築について、その構造や建物の意味、由来、あるいは伽藍《がらん》配置などについて分かりやすく解説した。第3章では寺院の境内について述べた。寺院の境内にはさまざまな見どころがあるが、そのいくつかを取り上げた。第4章はとくに古寺巡りの目玉になる仏像の章である。仏像の起源、仏像の見分け方などを豊富な写真やイラストを交えてやさしく解説した。ここでは、仏像にまつわるエピソードなども取り上げた。また、本堂をはじめとする寺院の堂内には、仏像以外にもさまざまな見どころがある。第5章では、本堂内のさまざまなものについて、第6章では数珠《じゆず》や木魚《もくぎよ》、袈裟《けさ》の由来や意味などについて述べた。第7章では参詣の御利益《ごりやく》と功徳《くどく》について述べた。第8章では、仏教の行事などについて、ちょっと気になる事柄を紹介した。そして、第9章では、実際に古寺巡りをするときのポイントを、法隆寺を例にして述べた。終章には全国の主要な寺院の参詣ガイドを掲載した。冒頭にはとくにお薦めする十ケ寺を紹介してある。所在地やアクセスも付したので、古寺巡りの際には参考にしていただきたい。

また、各章の終わりに掲載してあるコラムでは、トピックス的な話題を扱っている。さらに、歴史的な事柄や語義について、必要に応じて脚注を付した。簡単な記述ではあるが、雑学の奥行を広げるための一助となれば幸いである。

小著で扱っている項目は一つずつ読み切りの形になっているので、どこから読んでいただいても結構である。小著によって読者のみなさんの古寺巡礼がより楽しく、有意義なものになれば幸いである。また、小著の姉妹編『知識ゼロからの神社と祭り入門』も併せて購読され、古寺社巡りの世界が広がれば幸いである。

二〇〇三年　初春

瓜生　中

目次

# 第2章◎寺院建築なるほどウォッチング

# 第3章◎寺院の境内に秘められた謎

# 第4章◎仏像拝観のキーポイント

## 第5章◎寺院の本堂は華麗なワンダーワールド



## 第6章◎仏具の意外な故事来歴

## 第7章◎みほとけの御利益《ごりやく》と功徳《くどく》

## 第8章◎寺院の行事&四季の仏事



## 第9章◎柿食えば鐘が鳴るなり法隆寺

## 第10章◎参詣ガイド──全国寺院巡り

# 第1章

# 仏教と日本人と寺院

# 釈迦はどんな人物だったのか

仏教の開祖釈迦は、紀元前五世紀にインドの王族の子として生まれた。二十九歳で出家し、三十五歳のときに菩提樹《ぼだいじゅ》の下で悟りを開いた。それから四十五年間、インド各地を巡って仏教の教えを広めた。釈迦のもとには多くの弟子や在家《ざいけ》の信者たちが集まり、仏教は一大教団に発展した。そして、釈迦は八十歳まで生き、沙羅双樹《さらそうじゅ》の下で弟子たちに遺訓《いくん》を残して入滅《にゅうめつ》（亡くなること）した。釈迦の遺骨は八つの部族に公平に分配され（注1）、それぞれの国に仏塔が建てられて、丁重にまつられたという。

このように釈迦の生涯については、長い間語り継がれてきたが、釈迦の実在については有無が問われなかった。釈迦を信仰する人々は、歴史上の実在の有無などには関心がなかった。信仰の対象としての釈迦の存在が重要だったのである。

しかし、一八九八年、イギリスのペッペという学者が仏塔の一つを発掘し、釈迦の遺骨を納めたことを記した舎利《しゃり》容器《ようき》（骨壺）を発見した。これによって、釈迦が実在したことが文献的にも考古学的にも証明されたのである。

遠い昔、インドで興《おこ》った仏教は中国、朝鮮半島を経由して日本に伝えられた。そし

注1　当時のインドではさまざまな部族が釈迦を信奉していたが、釈迦が亡くなるとその遺骨をどの部族がまつるかについて争いが起こった。そこで、協議した結果、主要な八部族に公平に分配することになったのだ。

て、日本では独自の発展をたどり、今日も多くの人々の心の拠《よ》りどころとなっているのだ。

ちなみに、ペッペが発掘した釈迦の遺骨の一部は、初め仏教国タイにもたらされた。その後、明治三五年（一九〇二）にタイの国王から日本へ贈られ、現在、名古屋の覚《かく》王山日泰寺《おうざんにったいじ》に安置されている。

▲釈迦誕生仏（東京国立博物館所蔵）

# 仏教はどのようにして日本へ伝来したのか

インドで興った仏教はシルクロードを通って中国に伝えられ、そこから朝鮮半島を経由して日本に伝来した。欽明《きんめい》天皇七年（五三八）、百済《くだら》（当時、朝鮮半島にあった一国）の王が金銅の仏像と経典類を使者に託して、日本に仏教を信奉するように伝えてきた。これが日本の仏教公伝（注2）である。

このとき、仏教受け入れ賛成派の蘇我《そが》氏と反対派の物部《もののべ》氏の間で大論争が持ち上がり、天皇もその結論を出すことができなかった。そこで、天皇は賛成派である蘇我氏の首領、蘇我稲目《そがのいなめ》に招来した仏像を下賜《かし》し、試みにまつらせた。稲目はこれを持ち帰り、自宅にまつって礼拝した。

その後、疫病が大流行して、多くの人が亡くなった。反対派の物部氏は、これを外来の宗教を受け入れたことによる、日本の八百万《やおよろず》の神による祟《たた》りだとして、蘇我氏の館を焼き討ちにして、仏像を川に流してしまったという。その後も蘇我氏と物部氏の間で仏教の受け入れをめぐる争いが続いた。だが、やがて勢力を拡大した蘇我氏が物部氏を圧倒し、仏教は日本の風土にしっかりと根を下ろしていったのである。

注2　あくまでも公伝で、それ以前にも朝鮮半島から来た渡来人が仏像などをもたらし、私的にまつって仏教を信仰していたものと思われる。朝鮮半島に仏教が伝来したのは4世紀ごろ。そのころから、日本に百済や高句麗の人々が渡来している。

# 日本の仏教は大乗か、小乗か

仏教には大乗仏教と小乗仏教があることはよく知られているが、日本の仏教がどちらかと聞かれると、迷う人も多いだろう。そこで、最初に結論を述べておけば、日本の仏教は紛れもない大乗仏教である。

大乗、小乗の「乗」とは、乗り物の意味である。初期の仏教徒は、釈迦のように偉大な悟りを開いて人々を救うことはできないから、せめて自分たちだけでも悟りの世界に安住しようと考えた。

しかし、紀元前後には釈迦と同じ悟りを開いて、自他ともに救われると考える人々が現われた。彼らは自らの主張を「大乗」と呼び、反対に、ごく一握りの人しか救うことができない乗り物という意味で、初期の仏教を「小乗」と呼んだのだ。大乗とは大きな乗り物、優れた乗り物の意味。小乗は小さな乗り物、劣った乗り物という意味である。

だから、小乗というのは大乗から浴びせられた蔑称で、現在ではこの言葉は使わず、「上座部《じょうざぶ》仏教」と呼んでいる（注３）。上座とは長老のことで、もともと小乗仏教は保

注３　20世紀の初めに開かれた国際宗教者会議の席上、東南アジアなどの仏教者から「小乗」という言葉を使わないようにとの申し出があった。そこで、上座部仏教というようになった。

守的な長老の間で唱えられたために、そのようにいわれるのだ。

小乗仏教は紀元前三世紀ごろ、セイロン島（スリランカ）に伝えられ、後にタイやビルマ（ミャンマー）などの東南アジアの国々に広まった。現在でも、これらの国々では小乗仏教が盛んである。小乗仏教は仏教の古い姿を残しているといわれ、タイなどの僧侶が着ている黄色い衣は、釈迦の在世当時の姿だといわれている。

一方、大乗仏教の方は、紀元一世紀の初めに、シルクロードを通って中国に伝えられた。そして、中国で大いに発展して朝鮮半島にも広がり、ここから六世紀に日本にも伝えられた。日本には多くの宗派があるが、前述したように、この世の万人が救われるという大乗仏教の教えに基づいている。

東南アジアなどの小乗仏教の国々では、今でも悟りの境地に至るには出家して（僧侶になって）厳しい修行をしなければならないと考えられている。

これに対して大乗仏教の国では、僧侶にならなくても、仏教の教えを信じて正しい生活をしていれば、いつかは悟りの境地に達することができると考えられている。

▲報恩講（京都・東本願寺）

# 日本最初の寺院とは？

仏教伝来時（五三八年）に蘇我稲目が向原《むくはら》の自宅を改造して仏像を安置し、向原寺と称した。文献的には、これがわが国最初の寺院ということになる。

しかし、この向原寺は宿敵の物部氏によって焼き討ちされた。その後、敏達《びだつ》天皇の時代（六世紀後半）には蘇我馬子が百済から贈られた石造の弥勒菩薩《みろくぼさつ》をまつって寺を建立し、さらに仏舎利《ぶっしゃり》を得たので仏舎利塔を建立した。しかし、この寺や塔も反対派に焼き討ちされてしまったという。ほかにも仏教伝来の直後から、いくつかの寺院が建立されたという記録が古文書にはある。しかし、どれも遺跡などの物証はなく、往時の様子をうかがい知ることはできない。

そんな中で、創建当初の様子を知ることのできる最初の寺院が奈良の飛鳥寺《あすかでら》だ。この寺は崇峻《すしゅん》天皇の元年（五八八）に蘇我馬子の発願によって建立されたと伝えられ、飛鳥大仏《だいぶつ》の寺として有名である。

創建当初は法隆寺の三倍もある壮大な境内に、大伽藍が立ち並んでいたという。のち、たびたび火災に遭い、鎌倉時代以降は復興されなかったため、現在はその威容を

注４　奈良にあった大寺の総称で、東大寺・興福寺・元興寺・大安寺・薬師寺・西大寺・法隆寺の七ケ寺。

目にすることができない。

　しかし、昭和三三年に始められた発掘調査の結果、境内から礎石などが見つかり、往時の伽藍の全貌が明らかになった。旧伽藍は、塔を中心に東・西・北に三つの金堂《こんどう》が並ぶもので、わが国最初の本格的な寺院であることが分かった。この伽藍配置は「飛鳥寺式伽藍配置」と名づけられ、飛鳥時代を代表するものである。

　創建当初は寺号を法興寺《ほうこうじ》といい、後に建立された大安寺《だいあんじ》、川原《かわら》寺《でら》、薬師寺とともに飛鳥の四大寺として栄えた。平城京遷都（七一〇）のときに安居《あんご》院《いん》という一院だけをこの地に残して都に移転し、寺号を元興寺《がんごうじ》と改めた。元興寺は南都《なんと》七《しち》大寺《だいじ》（注4）の一つとして栄えたが、現在は極楽坊《ごくらくぼう》という一坊を残すのみである。また、飛鳥に残った安居院は本元興寺《もとがんごうじ》ともいい、これが現在の飛鳥寺である。

　また、飛鳥大仏は、正しくは金銅釈迦如来坐像《こんどうしゃかにょらいざぞう》という。製作年が判明しているものとしては、わが国最古の仏像である。法隆寺の釈迦三尊像の作者、止利《とり》仏師《ぶっし》（鞍作　止利《くらつくりのとり》）の作と伝えられている。度重なる火災でかなり損傷しているが、飛鳥時代の仏像の特徴をよく残した作品である。

▲飛鳥寺

# 仏教にはなぜ多くの宗派があるのか

仏教はおよそ二千五百年前に、釈迦の教えに基づいて成立した宗教である。もともとこの教えは、釈迦が一人で説いたものだ。釈迦が生きていたころ、すでに多くの信者が集まって、その教えにしたがって修行する僧侶もいた。

初め釈迦のもとに集まった信者は一つにまとまっていて、派閥はなかった。ところが釈迦が亡くなってしばらくすると、釈迦の教えについての解釈の違いから教団が分裂しだした。これが宗派の始まりである。仏滅《ぶつめつ》後、百年ごろからしだいに分裂が顕著になり、西暦紀元前後には二十派ほどに分かれていたことが知られている。

紀元一世紀の中ごろに中国に仏教が伝わると、多くの宗派が成立した。そして、唐代《とうだい》（七世紀）ごろまでには成実宗《じょうじつしゅう》、律宗《りつしゅう》、華厳宗《けごんしゅう》、天台宗《てんだいしゅう》、禅宗《ぜんしゅう》、浄土教《じょうどきょう》（注５）などの宗派が成立し、奈良時代に日本に伝えられた。したがって日本の宗派のルーツは中国にあり、それを日本の高僧たちが日本的にアレンジしたものだ。とくに平安時代以降は、日本独自の体系を作り上げていったものが多い。鎌倉時代になると浄土宗や浄土真宗《しんしゅう》や日蓮宗のように、日本のオリジナルといってもよい宗派が成立した。

注５　阿弥陀如来の極楽浄土に往生することを願う仏教の一派。インドで生まれて発展し、中国で盛んになった。日本では浄土宗、浄土真宗、時宗などがこれにあたる。

釈迦の教えは一つなのに、なぜこのように多くの宗派が成立したのだろうか。一つには、釈迦の教えは八万四千《はちまんしせん》の法門《ほうもん》（教え）といわれるほど多く、しかもそれが方便《ほうべん》（相手に分かりやすいように時と場合に応じて説くこと）をもって説かれているからである。したがって、同じことを説いても、その解釈によって違いが生じてくる。そうした解釈の違いが、さまざまな宗派を生み出したということができる。

さらに、後世の仏教徒は膨大な釈迦の教えの中から、自分が最も正しいと思うものを選びとった。たとえば、日蓮上人《にちれんしょうにん》は『法華経《ほけきょう》』だけを最高の教えとし、あるいは法然《ほうねん》上人は念仏によってのみ救われると考えたのである。その結果、多くの宗派が生まれ、その教えに共感した人たちがそれぞれの信仰集団を作り上げたのである。

ちなみに、「宗」は真言宗《しんごんしゅう》とか浄土真宗といった大きな集団をいう。「派」は宗がさらに分派を形成したもので、真言宗豊山派《ぶざんは》、浄土真宗本願寺派《ほんがんじは》や大谷派《おおたには》などがこれにあたる。ただ、一般にはこれらを一まとめにして「宗派」といっている。

日本の宗派はひと口に「十三宗五十六派」といわれた。華厳宗、法相宗《ほっそうしゅう》、律宗（以上、奈良時代）、天台宗、真言宗、融通念仏宗《ゆうづうねんぶつしゅう》（以上、平安時代）、浄土宗、浄土真宗、時宗《じしゅう》、臨済宗《りんざいしゅう》、曹洞宗《そうとうしゅう》、日蓮宗（以上、鎌倉時代）、黄檗宗《おうばくしゅう》（江戸時代）。以上が十三宗である。教義の解釈の違いなどから、細かい流派に分かれ、戦後、宗教法人法ができると、多くの分派が独立し、現在では約百六十派あるといわれている。

# 密教とはどのような宗教か

密教は、宇宙の根元である大日如来《だいにちにょらい》が説いた最高にして深遠な教えで、仏教の最も発展した思想とされている。通常の言語では理解することができず、真言《しんごん》と印契《いんげい》（注6）の修得によって、体得することができるという。つまり、大日如来が説いた秘密の教えだから密教というのである。

密教は七世紀ごろ、インドで呪術的なものを集大成して成立したといわれている。これが中国に渡来し、弘法大師《こうぼうだいし》空海《くうかい》（本章三〇ページを参照）が日本に伝えた。日本では、空海が開いた真言宗が密教の代表で、天台宗も密教の思想を多く取り入れている。そして、日本の仏教各派は多かれ少なかれ密教の影響を受けているが、親鸞《しんらん》上人の浄土真宗だけは密教をまったく排除している。

▲空海が創建した金剛峯寺《こんごうぶじ》（多宝塔）

注６　真言は陀羅尼《だらに》とも呼ばれる呪文の一種。『般若心経』の末尾の「羯諦《ぎゃてい》、羯諦……」などがこれにあたる。印契は印（仏像などに見られるさまざまな手つき）のことだが、密教の場合は仏との間で取り交わされる一種のサインの意味を持つ。

# 浄土宗と浄土真宗はどう異なるのか

浄土宗と浄土真宗は、どちらも「南無阿弥陀仏《なむあみだぶつ》」を唱えて、極楽往生を願う信仰である。両宗とも他力本願《たりきほんがん》、つまり念仏さえ唱えれば阿弥陀如来の慈悲の力（他力）によって救われると説く。しかし、浄土真宗の親鸞上人の他力は、浄土宗の法然上人のそれをさらに徹底したもので、絶対他力《ぜったいたりき》と呼んでいる。

親鸞上人は阿弥陀如来を信じる心（信）さえ起こせば、極悪非道の人間でも極楽往生できると説いた。そして、法然上人が念仏を唱えれば唱えるほど極楽往生が確実なものになると説いたのに対して、親鸞上人は念仏の回数に関係なく「信」さえ起こせば往生できると説いた。

▲浄土宗の総本山、知恩院

# 禅宗にはどういう流派があるのか

禅宗は六世紀の初め、達磨《だるま》大師《だいし》が中国で開いた宗派で、座禅（瞑想）をすることによって釈迦の悟りの境地に達することを目的とするものだ。日本では臨済宗、曹洞宗、黄檗宗が禅宗に属する。

臨済宗は鎌倉時代の初めに栄西《えいさい》禅師《ぜんじ》によって伝えられたものである。これがわが国に伝わった禅宗としては、初めてのものだ。曹洞宗は栄西の弟子の道元《どうげん》禅師がやはり鎌倉時代に伝えた宗派で、福井県の永平寺《えいへいじ》と神奈川県鶴見の総持寺《そうじじ》を大本山とする。そして、黄檗宗は江戸時代に中国人の隠元《いんげん》禅師が伝えた宗派で、京都・宇治《うじ》の万福寺《まんぷくじ》が大本山だ。

禅宗は鎌倉時代に台頭してきた武士階級に歓迎され、鎌倉幕府の保護を受けて大いに発展した。そして、禅宗とともに中国のさまざまな文化も伝えられ、後の日本文化の発展に大きな影響を与えた。水墨画の大家、雪舟《せっしゅう》（注7）も禅宗の僧侶だった。

▲臨済宗の古刹、建長寺（鎌倉）

注７　室町時代の禅僧で、水墨画家。その生涯については謎の部分も多いが、水墨画の独自の境地を作り上げ、数々の名品を残した。

# 聖徳太子のすぐれた人物像とは？

本名、厩戸皇子《うまやどのおうじ》。幼少のころより聡明で、弱冠二十歳のとき、推古《すいこ》天皇が即位すると同時に摂政《せっしょう》（天皇に代わって政治を行なうもの）となり、万機を委《ゆだ》ねられた。内外の学問に通じ、遣隋使《けんずいし》（注8）を派遣して大陸（中国）の文化の移入に努めたほか、冠《かん》位十二階《いじゅうにかい》、「十七条の憲法《じゅうしちじょう》」などを定め、日本の政治・文化に数々の業績を残したことはよく知られている。

また、『法華経』などの経典のすぐれた注釈書を書き、さらには、四天王寺《してんのうじ》や法隆寺をはじめとする多くの寺院を建立した。仏教を深く理解した最初の日本人で、彼の活躍によって日本の仏教はその後の発展の基礎を確立したといわれている。「和を以《もっ》て貴しとなす」で始まる「十七条の憲法」は、仏教思想によって国の指針を示したものである。

輝かしい業績に彩られた生涯は早くから伝説化され、没後まもないころから聖人として崇《あが》められたという。そして時代が下ると、年齢別の像などが造られるようになり、いわゆる太子信仰が盛んになった。

注８　随（当時の中国）に送られた文化使節。聖徳太子の発案で実施され、大陸の最新の文化の移入に貢献した。平安時代の遣唐使に引き継がれたが、菅原道真《すがわらのみちざね》の進言により廃止された。

ちなみに、聖徳太子については、二歳・南無仏陀《なむぶつだ》像、七歳・看経《かんぎょう》像、十六歳・孝養《こうよう》像、三十五歳・摂政像など、各年齢を代表する像が造られている。南無仏陀像は二歳のときに初めて仏を礼拝した折の像。看経像は七歳にして初めて仏典を読んだときの像。孝養像は父親の用明《ようめい》天皇の病気平癒を願ったときの像。また、聖徳太子は二十歳で推古天皇の摂政となったが、摂政像はまさに働き盛りの太子の姿をとらえたものである。旧一万円札で知られているのが、この像である。

これらの像は太子信仰の広がりとともに、盛んに造られるようになった。現在でも、南無仏陀像などを安置している寺院は各地に点在している。

▲聖徳太子

# 鑑真和上《がんじんわじょう》はなぜ日本にやってきたのか

鑑真は暴風雨や海賊に阻まれて、五回も渡来に失敗した。けれども、天平勝宝《てんぴょうしょうほう》六年（七五四）、六回目の挑戦でやっと日本にたどり着くことができた。その間に十一年の歳月が過ぎ、当初、鑑真とともに日本を目指した同志はすでに渡日を諦め、あるいは亡くなったりしていた。鑑真自身も難破した折に潮で目を傷めて、失明した。しかし、ついに初志を貫いて念願の来日を果たした。時に鑑真は六十七歳。その意志の強さと仏教の布教にかけた情熱には、ただただ脱帽する以外にない。鑑真はなぜそれほどまでの苦難に遭いながら、しかも老齢を押して来日したのであろうか。

そこには、東大寺を建立した聖武《しょうむ》天皇の強力な要請があったのである。そのころ聖武天皇は仏教による国家の統一を目指して、東大寺の建立を志した。ところが、当時の日本には戒律《かいりつ》の専門家がいなかった。戒律は仏教教団の一種の法律で、これを授けてもらわないと、正式な僧侶になることはできないのだ。

鑑真が来る以前には、僧侶は百済や中国に行って戒律を授けてもらっていた。だが、これでは時間と費用がかかり過ぎる。全国に国分寺を建てても、肝心の僧侶が不足していたのでは、聖武天皇が目指す仏教による理想国家の建設は達成できない。このことを憂慮した聖武天皇は、中国から戒律の専門家を連れてくるように勅命《ちょくめい》を下した。そして、日本から栄叡《えいそう》、普照《ふしょう》という僧侶を唐《とう》（中国）に派遣し、当時、戒律の大家として知られていた鑑真に是非とも日本に来て戒律を授けてくれるようにと懇願したのである。鑑真は彼らの熱意に共感して、日本行きを決意した。

当時、鑑真はすでに中国で大僧正《だいそうじょう》としての地位を確立していた。多くの人々が名僧の出国を惜しみ、思い留まらせようと躍起になった。しかし、鑑真の決意は固く、引きとめることはできなかった。布教のためにはどんな困難をも乗り越えて、それこそ地の果てにでも出かけて行くというのが、鑑真の基本的スタンスだったのだろう。

来日した鑑真は、僧侶に正式に戒律を授ける施設である戒壇《かいだん》を東大寺に設けた。これによって日本国内で戒律を受けられるようになり、多くの僧侶がここで受戒した。これは日本の仏教史上、画期的な出来事だった。

鑑真は大和尚《だいおしょう》の号を賜り、大僧正に任ぜられた。さらに聖武天皇の勅願《ちょくがん》によって唐招提寺《とうしょうだいじ》が建立され、鑑真が住持《じゅうじ》（住職）となり、天平宝字《ほうじ》七年（七六三）に七十七歳の生涯を閉じた。鑑真没後も唐招提寺は戒律研究の根本道場として栄え、現在も律宗《りっしゅう》の総本山として多くの参拝者を集めている。寺内に納められている鑑真和上像（注９）は天平時代の作であるが、鑑真の人柄を今に伝える名作として知られている。

注９　江戸時代の俳人・松尾芭蕉はこの像を拝して「若葉して御目の涙　ぬぐわばや」という秀句を残している。日本にたどりつくまでの鑑真の労苦をねぎらった一句だ。

# 弘法大師《こうぼうだいし》はどんな事跡を残したのか

弘法大師空海（七七四〜八三五）は讃岐《さぬき》（香川県）の生まれである。十五歳のときに上洛して、高級官僚を養成するための大学に入り官吏を目指した。しかし、そこでの学問に満足せず、退学して仏教を志した。厳しい修行と学問を修め、八〇四年には唐に渡り、密教の奥義《おうぎ》を修得して二年後に帰国した。

帰国後まもなく、教王護国寺《きょうおうごこくじ》（注10）を密教の根本道場とし、さらに高野山《こうやさん》を開いた。そして、中国で学んだ密教の奥義を集大成して、日本の真言宗の開祖となった。また、灌漑《かんがい》や土木などの社会事業や民間人の教育にも力を注ぎ、日本文化に偉大な業績を残した。

このような業績を残した弘法大師の生涯は早くから伝説化され、聖徳太子とともに盛んに信仰されるようになった。前者に対する信仰を「大師《だいし》信仰」といい、後者のそれを「太子《たいし》信仰」という。両者は音が似ていることから、しばしば混同されることがある。現代でも両者は日本の信仰の双璧をなし、多くの人々の精神的な拠りどころとなっているのである。

注10　通称、東寺《とうじ》。796年、桓武天皇は平安京遷都に際して、東西の鬼門《きもん》に東寺、西寺《さいじ》を建立して都の守護とした。823年、東寺は空海に下賜された。正式名称を金光明四天王教王護国寺《こんこうみょうしてんのうきょうおうごこくじ》秘密伝法院《ひみつでんぽういん》という。また、西寺は早くに廃寺となり、現在は京都市南区唐橋《からはし》に西寺址の碑だけが立っている。

# 古寺巡礼の新しい楽しみ方

古くからお寺は僧侶にとっては修行の場、信者にとっては信仰の場として機能してきた。その機能は基本的には変わっていないが、近年、新しい形の古寺巡礼を楽しむ人たちが増えてきた。

それらの人たちは、寺院を単に信仰の場として見るだけではなく、寺院の歴史や建物、仏像などに幅広く興味を持って、じっくりと鑑賞することを目的としている。たしかに寺院の空間は魅力にあふれ、新しい古寺巡礼を楽しむ人たちを受け入れて、十分に満足させてくれる。そして、信仰心のない人でも、古色蒼然とした伽藍《がらん》の前にたたずみ、仏像に向き合うことによって、言いようのない癒しの一時《いっとき》を体験するのである。無宗教といわれる日本人の、新たな宗教との接し方でもある。

▲古寺めぐりを楽しむ（法隆寺）

# お寺めぐりのマナーとは？

前項で述べたように、近年、古寺巡礼が静かなブームになっていて、寺院に参詣する人の目的も昔とは違ってきている。

しかし、どんな目的であるにせよ、古寺巡礼に際して忘れてならないのは、寺院が神社と同じく神聖な空間だということだ。神社の前で拍手《かしわで》を打つように、お寺の本堂の前ではまず合掌して、ご本尊に敬意を表することが大切である。

四国霊場や各地の観音霊場など（注11）では、今でも純粋な信仰心を持って巡礼する人が多い。そういう人たちへの気配りも必要だ。巡礼の人の前で、仏像を懐中電灯で照らしたりすることは、絶対に避けなくてはならない。また、お寺に仏像などの拝観を申し出る場合には、「鑑賞させてください」とか「見せてください」などという言葉はタブー。お坊さんによっては激怒する人がいる。仏像や仏画は信仰の対象で、単なる彫刻や絵画ではない。「拝ませていただきたい」などというのが礼儀だ。

さらに、いうまでもないが、堂内では静粛を保つのが原則だ。声高に話すことや、高笑いは厳禁。最低限のマナーを守れば、古寺巡礼もより楽しくなるだろう。

注11　四国八十八箇所や西国、坂東、秩父の観音霊場のほかにも、全国各地には多くの霊場がある。

# コラム① 中国で「寺院」といえば、何を意味したのか

後漢《ごかん》の明帝《めいてい》の時代（紀元一世紀の半ば）、二人のインド人僧侶が中国にやって来て、初めてこの国に仏教を伝えた。そのとき、二人の僧侶を鴻臚寺《こうろじ》という外国の使節を接待する役所に泊めた。

当時、中国では「〜寺」というのは、外交使節を接待するために設けられた役所の施設だったのである。現在の日本でいえば、外務省〇〇公館といったところだ。

そして、翌年には白馬寺《はくばじ》という彼ら専用の「寺」を建てて、住まわせた。白馬寺の名前は、彼らが白馬に乗ってやって来たことから付けられたという。ただし、これは伝説的な話で史実かどうかは分からない。

しかし、いずれにしてもこのときから、仏教の修行をする道場のことを寺と呼ぶようになったというのである。

また、寺院の「院」というのは回廊《かいろう》を巡らした建物のことである。もともと寺は、外国から来た大切な客を接待するために建てられた立派な建物である。だから、その建物は必ず回廊を備えていた。そこで、「寺院」と称されるようになったのである。

そして、日本の寺院建築は中国から伝わった。法隆寺や東大寺などをはじめとする大寺の金堂《こんどう》（本堂）や塔などの主要な建物が、回廊に囲まれているのはそのためだ。

ちなみに、日本では一般的に大きな寺院は「〜寺」、大寺院に付属するような小さな寺院は「〜院」と呼ばれることが多い。しかし、知恩院《ちおんいん》のように浄土宗の総本山でも、「院」の名を持つものもある。

# コラム② 門跡《もんぜき》寺院とは何か

もともと門跡とは「一門の法跡《ほうせき》」の略で、祖師の教えを継承するもの（一門）を統率するという意味。このことから、また一門をとりまとめる主僧を指した。

そして、後に宇多《うだ》天皇（在位八八七〜八九七）が出家して京都の仁和寺《にんなじ》に住み、ここを御門跡《ごもんぜき》と称した。以来、皇子や貴族が住まう寺を門跡と呼ぶようになったのである。室町時代には寺格を表わす言葉となり、門跡寺院の住職を門跡（御門跡）、門主《もんしゅ》などと呼ぶようになった。

親王《しんのう》（天皇の子弟）が住む寺院を宮《みや》門跡、摂関家《せっかんけ》（天皇の政務を補佐する家柄で、平安時代の藤原氏などがその代表）の子弟が住む寺院を摂家《せっけ》門跡、摂関家に次ぐ位の清華家《せいがけ》（公家の家柄の一つ）の出身者が住まう寺院を清華門跡といい、さらには門跡に准ずる寺院を准《じゅん》門跡、脇《わき》門跡などと呼んだ。明治の初めに門跡の称号は廃止されたが、その後も私称としては使われている。

天台宗では三十三間堂を管理する妙法院《みょうほういん》（京都）、三千院《さんぜんいん》（京都）、輪王寺《りんのうじ》（日光・上野）、真言宗では門跡のルーツである仁和寺（京都）、大覚寺《だいかくじ》（京都）、秀吉の「醍醐《だいご》の花見」で有名な醍醐寺三宝院《さんぼういん》（京都）などがよく知られている。また、浄土宗の知恩院や浄土真宗の東西本願寺も門跡寺院としての格式を今に伝えている。

# 第2章

# 寺院建築なるほどウォッチング

# 寺院と神社の建物はどこがどう違うのか

もともと、日本の建築は大陸（中国）から伝えられた寺院建築とともに発達してきた。仏教の伝来によって日本の建築技術は飛躍的に進歩し、奈良の東大寺などに見られる大建築が可能になった。そして、この大陸伝来の建築技術は、神社建築にも取り入れられたのだ。しかし、神社建築は仏教に対抗し、寺院建築との違いを明確にするため、日本固有の形を追求した。それにより、両者の間にはいくつかの決定的な相違が見られる。

第一に、神社の社殿は弥生《やよい》時代の高床式《たかゆかしき》の倉をモデルにしたため、床を高く造るのが基本で、伊勢神宮の社殿《しゃでん》がその典型だ。いっぽう、寺院建築では、床は地面と同じ高さにする。縁の下がないのが寺院の基本構造だ。ただし、平安時代以降は、床を上げて縁の下のある本堂などが造られ、現在も一般的にこの形式が見られる。

第二に、寺院の屋根は瓦を多用するが、神社ではこれを使わない。瓦は仏教とともに伝えられた、大陸オリジナルの建築資材だったためである。神社の屋根は檜皮葺《ひわだぶ》き や萱葺《かやぶ》きが基本だ（注12）。

注12　瓦葺きの社殿も稀に見られる。しかし、たいていの場合は社殿を覆う覆堂《ふくどう》になっていて、瓦屋根の建物の中に小さな社を納めていることが多い。

第三に、屋根の形式には切妻造《きりづまづくり》（二枚の板を山形にしたもの）、入母屋造《いりもやづくり》（切妻造の左右に庇《ひさし》を付けたもの）、寄棟造《よせむねづくり》（屋根を四方に傾斜させて架けたもの）の三つがある。寺院建築ではすべての形式を用いるが、神社建築は切妻造が基本で、入母屋造は使うが寄棟造にはしない。伊勢神宮や出雲大社などは切妻造の典型だ。

▲寺院の建物（興福寺）

▲神社の社殿

第四に、寺院の本堂は一つ屋根の下に内陣《ないじん》（本尊をまつるところ）と外陣《げじん》（内陣の周囲の参詣する場所）を設けるが、神社では本殿《ほんでん》（祭神をまつるところ）と拝殿《はいでん》（参拝するところ）とを厳格に区別する。神社の拝殿と本殿は一つ屋根の下に納められているように見えるが、両殿の屋根は必ず別々になっている。また、寺院の本堂は内陣と外陣を同じ高さにするか、内陣を少し高くする場合が多い。これに対して、神社では、本殿は必ず拝殿より一段高くする。

このように、寺院と神社の建物にはいくつかの基本的な違いがある。タブーが多いのは神社建築である。

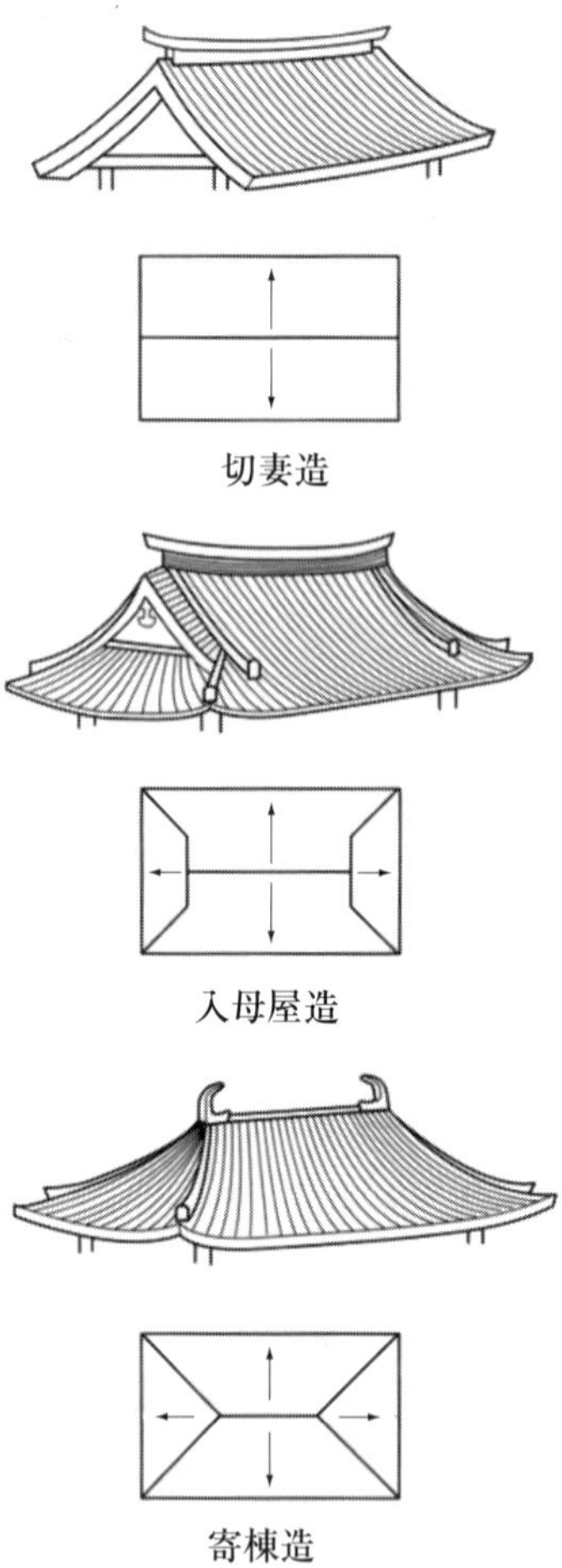


▲屋根の形式

# 七堂伽藍《しちどうがらん》とは何か

伽藍というのは、サンスクリット語（インドの古い言葉）の「サンガーラーマ」を音写（注13）したもので、正しくは僧伽藍《そうがらん》といい、これを略して伽藍といっている。もともとインドでは、僧侶たちが集まって修行する清浄な場所を意味した。中国に仏教が伝えられてからは、これが寺院の建物を総称する言葉となった。

七堂伽藍というのは、完全に堂塔《どうとう》（建物）を備えた寺院のことである。「七」は実際の数ではなく、必要な建物の数を十分に満たしたというほどの意味。

一般的には金堂《こんどう》、塔《とう》、講堂《こうどう》、食堂《じきどう》、鐘楼《しょうろう》、経蔵《きょうぞう》、僧坊《そうぼう》、回廊《かいろう》、門など、必要な建物をすべて備え、大勢の僧侶が住んでいる大きな寺院を七堂伽藍といったようだ。つまり、七堂伽藍とは、大本山クラスの大寺院の代名詞として使われる言葉なのである。

金堂は本尊の仏像をまつった、寺院の中心になる建物。東大寺の大仏殿などがこれに当たる。塔は仏舎利《ぶっしゃり》（釈迦の遺骨）を納める建物。ふつうは三重塔や五重塔で、飛鳥寺など最初期の寺院では伽藍の中心に据えられた。講堂は僧侶たちがお経を読んだりして勉学に励む建物。食堂は文字どおり食事をする建物。鐘楼は時を知らせる梵鐘《ぼんしょう》

注13　サンスクリット語の発音に、漢字を当てて表記したもの。たとえば、『般若心経』の「般若」という語は、サンスクリット語のパンニャーという音に漢字を当てたもの。

を吊るす建物。また、同じく時を知らせる太鼓を納める鼓楼《ころう》を鐘楼と対にして配置することもある。経蔵は経典を納めておく書庫。僧坊は僧侶たちが寝起きをする生活の場である。そして、金堂や塔などの主要な建物を回廊で囲み、その四方に門を設ける。ふつう、僧坊は回廊の外側に置かれる。

また、宗派によって伽藍の種類や呼び名が異なる。禅宗寺院では座禅をする座禅堂（僧堂《そうどう》ともいう）、東司《とうす》と呼ばれる便所、浴室などの建物も重要視された。禅宗寺院の七堂伽藍には、これらの建物が欠かせない。さらに、浄土宗の総本山知恩院や浄土真宗の大本山本願寺などでは、開祖の教えを重要視するため、御影堂《みえどう》（祖師堂《そしどう》）と呼ばれる、開祖をまつる堂をいちばん大きく造る。本堂よりも大きな御影堂を伽藍の中心に据える。また、日蓮宗でも、開祖の日蓮上人をまつる御影堂が中心的な存在になることが多い。

ちなみに中小の寺院では、中央に本堂があり、境内に鐘楼などがある程度だ。このように規模が小さく、建物の数も少ない寺院の場合には、七堂伽藍とはいわない。

# 初期の寺院——塔の役割とは？

インドでは仏舎利をまつった仏塔《ぶっとう》が信仰の対象になり、そこを中心に寺院が発展した。初期には仏像がなかったので（注14）、仏塔だけが礼拝の対象だったのだ。中国でも、日本でも、初期の寺院の伽藍配置は塔が中心だった。

日本最初の寺院である飛鳥寺《あすかでら》の伽藍配置は、塔を中心に東西と北に三つの金堂が並ぶものだった。また、大阪の四天王寺も回廊に開けられた中門《ちゅうもん》の正面に塔がそびえ、その後ろに金堂が建つ。これら二寺の伽藍配置は塔と金堂が一直線に並ぶ大陸様式である。だが、これでは中門正面の塔に遮《さえぎ》られて金堂が見えない。

そこで少し後に建てられた法隆寺では、塔と金堂を並列にして、両者が一目で見渡せるようにした。ここでは塔と金堂が対等の関係になった。さらにその後に建てられた薬師寺では、金堂を中心に右に東塔、左に西塔が建ち、金堂を伽藍の中心にした。

さらにそのあとの東大寺の伽藍配置になると、巨大な金堂（大仏殿）が中心に据えられ、塔は回廊の外に出てしまっている。伽藍の中心が塔から金堂に代わったのは、仏舎利をまつる塔よりも、仏像をまつる金堂の方が礼拝の対象として、より吸引力が

注14　釈迦が亡くなってのち数百年の間、仏像は造られなかった。偉大な釈迦の姿を人間と同じに造ることは不謹慎と考えられたためだ。しかし、時代が下ると釈迦の姿を見たいという要望が人々の間に高まり、紀元１世紀の中ごろ、現在のパキスタンのガンダーラで最初の仏像が造られた。

あったためと考えられる。そして、大仏のために建てられた東大寺では、寺院の中心が金堂にあることを鮮明に打ち出した。それ以降、日本の伽藍は金堂が中心になったのである（注15）。

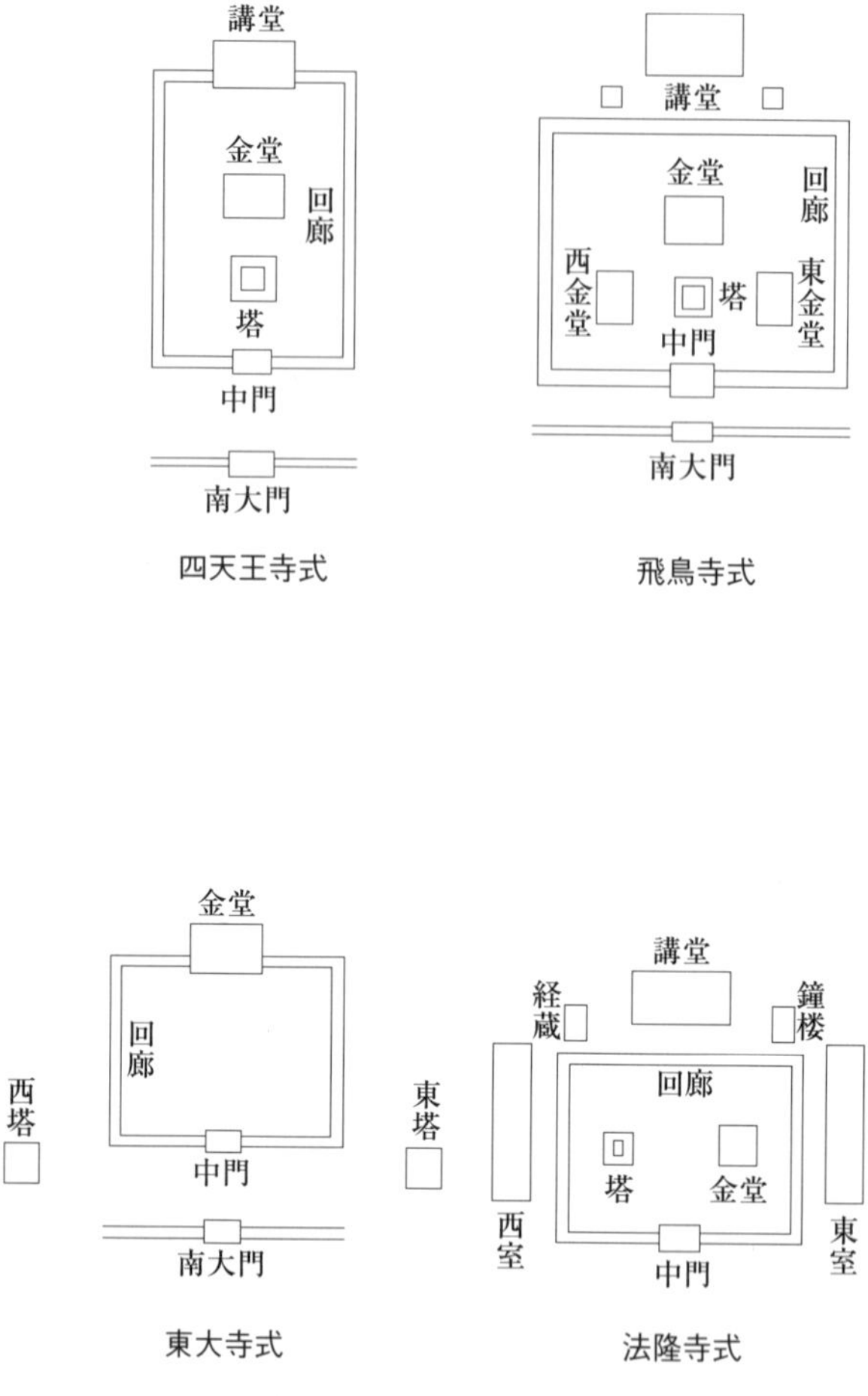


▲さまざまな伽藍配置

注15　ただし、平安時代の末ごろから、金堂と礼拝のための礼《らい》堂《どう》を結合した本堂形式の建物が現われる。今日ではこの本堂形式が一般的だ。中央の内陣を、外陣が「コ」の字型に取り囲む。この場合は内陣が金堂、外陣が礼堂に当たる。

# 古い寺院建築にギリシャ風の柱が使われた訳

法隆寺など飛鳥・奈良時代に建てられた古い寺院建築の円柱には、中央にゆるやかなふくらみがある。中央をふくらませることによって、円柱にどっしりとした安定感を持たせたものだ。このような柱のふくらみをエンタシスといい、古代ギリシャのパルテノン神殿などに用いられた様式が、シルクロードを通って日本に伝えられた。

ギリシャの神殿建築の柱は、中央がゆるやかにふくらんでいる。これに対して、日本の柱に見られるエンタシスは、下から三分の一ぐらいのところがいちばん太い。目の高さほどのところを太くすることで、柱の安定感を強調したのである。

法隆寺の柱など、古いものではふくらみはかなり誇張されているが、時代が下るとふくらみはしだいに小さくなる。平安時代になるとエンタシスは姿を消し、円筒型の柱が多くなる。

▲エンタシスの柱（法隆寺・中門）

# 五重塔や三重塔は何のための建物か

五重塔や三重塔は、お寺のシンボル的な存在である。新幹線の車窓からも見える東寺《とうじ》（教王護国寺《きょうおうごこくじ》）の五重塔は、京都の象徴として親しまれている。金堂《こんどう》（本堂《ほんどう》）には本尊仏がまつられるのに対して、塔には仏舎利がまつられる。

釈迦が亡くなったあと、インドではストゥーパと呼ばれる饅頭《まんじゅう》型の塔（仏塔《ぶっとう》）を建てて遺骨を納めた。これが塔の起源だ。インドの塔は石造の基壇《きだん》（土台）の上に饅頭型の塔身《とうしん》（塔の本体）を築いて、そこに仏舎利を納め、最上部には平頭《へいとう》と呼ばれる平らな部分を設けて石の欄干《らんかん》で囲み、平頭の中心に傘蓋《さんがい》（注16）をかたどったものをいくつか重ねる。これがストゥーパの基本的な構造だ。日本の五重塔や三重塔は木造の屋根を重ねたもので、インドのストゥーパとはだいぶ趣を異にしている。

日本の塔でインドのストゥーパの面影を残しているのは、最上部に置かれた相輪《そうりん》と呼ばれる金属性の部分だ。相輪は下から露盤《ろばん》・覆鉢《ふくばち》・請花《うけばな》・九輪《くりん》・水煙《すいえん》・竜車《りゅうしゃ》・宝珠《ほうじゅ》という七つの部分を積み上げたものだ。まず箱型の露盤はストゥーパの基壇に、その上の半球形の覆鉢が饅頭型のストゥーパ本体に当たる。請花は平頭に相当する部分で、

注16　もともと、インドで高貴な人に差し掛ける日傘だった。のちに仏像の頭上などに掲げられるようになった。

日本の塔では蓮弁《れんべん》（蓮の花びら）の形にするものが多い。九輪は傘蓋を九つ積み上げたもので、九は無限を表わし、この塔がどこまでも高く延びていくことを象徴している。ここまでは、インドのストゥーパの各部分を象徴的に表わしたもので、そこから上の部分はおそらく中国などで考案されたものだろう。

水煙は炎をかたどったもので（注17）、塔が勢いよく天まで延びていく様をイメージしたものと考えられる。また、竜車は天子《てんし》（天皇、皇帝）の乗り物。宝珠は願い事を何でも叶えてくれるありがたい珠だ。

現在でもインド各地にはストゥーパの遺跡があり、大きいものは直径三六メートル、高さ一六メートルもある。このストゥーパが中国、日本へと伝わって小型化し、五重塔などのてっぺんを飾るミニチュアの相輪になった。また、日本では相輪の部分だけを建てて、塔と同じように崇拝の対象にしたものがある。これを相輪樘《そうりんとう》といい、平安時代に比叡山延暦寺《ひえいざんえんりゃくじ》に最澄《さいちょう》（本章五〇ページの注20を参照）が建立したのが最初だという。

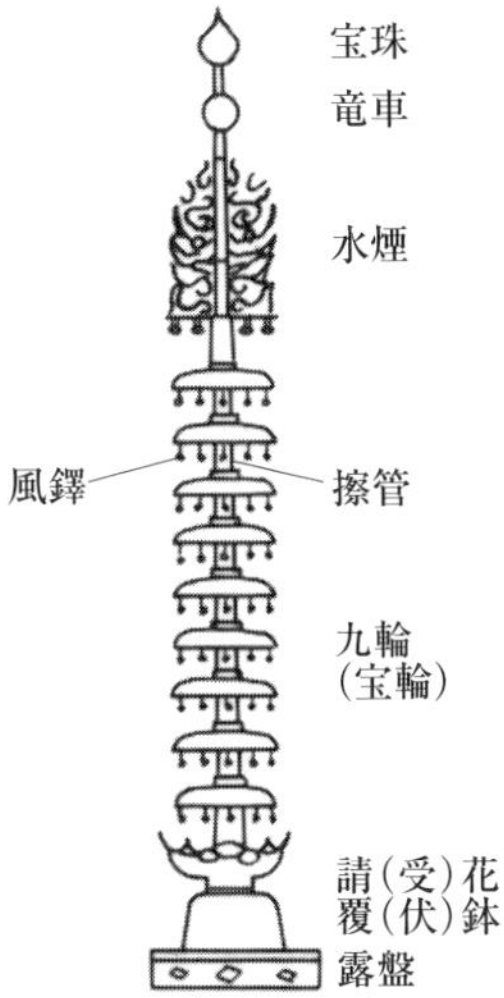


▲相輪の各部（前久夫『古建築のみかた図典』より）

注17　本来は「火炎」と呼ぶべきところだが、木造建築では火気を忌み嫌うことから「水」の字を当てて、「水煙」という。

# 禅宗の寺院はどんな伽藍配置なのか

中国から直輸入された禅宗の寺院では、はじめ中国人の禅僧が直接、建築の指導に当たった。そのため、他の宗派とは異なる伽藍の形式や建物の呼び名などが随所に見られる。

まず、寺院の中心になる建物を一般には金堂《こんどう》（本堂《ほんどう》）というが、これを禅宗の寺院では「仏殿《ぶつでん》」といい、本山クラスの大寺では「大雄宝殿《だいゆうほうでん》」と呼ぶ。仏殿は文字どおり仏（如来）を安置する堂。また、大雄は仏を表わし、宝殿は宝の殿堂というほどの意味である。仏のための宝の殿堂というのが、大雄宝殿の意味である。ただし、本堂を仏殿や大雄宝殿と呼ぶのは、かなりの規模を備えた寺院で、禅宗でも中小の寺院では、本堂と呼んでいる。

また、禅宗の寺院で重視される建物に「法堂《はっとう》」というものがある。これは僧侶たちが経典を読んだり、講義を聞いたりする場所で、他宗の寺院の講堂に当たる建物だ。法堂があるのも禅宗の大寺院である。

さらに座禅をする建物を「僧堂《そうどう》」といい、これも禅宗の寺院では仏殿や法堂とともにに重要な建物だ。ここで座禅をして悟りを開く、すなわち仏を選びとるところという意味で、「選仏堂《せんぶつどう》」または「選仏場《せんぶつじょう》」とも呼ばれる。また、僧堂を備えた寺院には師家《しけ》と呼ばれる禅の指導者がいて、師家の指導のもとに修行をすることができる。禅宗では、そのような修行をするための、ハードとソフトの両面を完備した寺院のことを僧堂と呼んでいる。福井の永平寺などは僧堂の代表だ。

さらに禅宗の寺院では、便所のことを東司《とうす》という。仏殿や法堂の東側（仏殿などに向かって右側）にあり、東の方を司るから東司と呼ばれる（本章六一ページを参照）。禅宗では日常生活のすべてを修行の場と考えるため、便所も重要な伽藍の一つとして特別な呼び名がつけられているのだ（注18）。

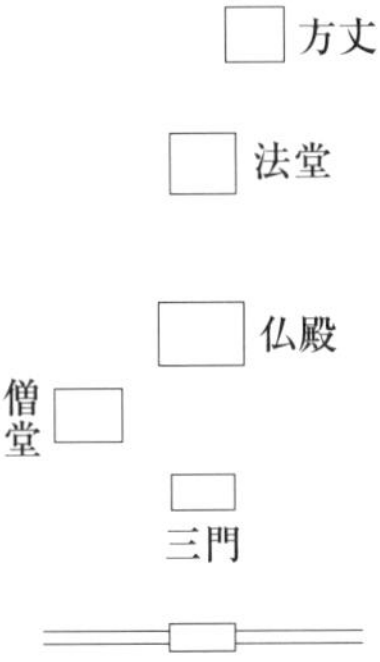


▲禅宗寺院の伽藍配置

注18　京都の東福寺には室町時代の東司があり、重要文化財に指定されている。

# 禅宗がもたらした寺院建築の様式とは？

鎌倉時代の初期、禅宗の渡来にともなって、禅宗様《ぜんしゅうよう》というモダンな建物が中国から伝えられた。その魁《さきがけ》となったのが鎌倉の建長寺《けんちょうじ》である。この寺は建長五年（一二五三）、時の執権《しっけん》・北条時頼《ほうじょうときより》が宋《そう》（中国）の蘭渓道隆《らんけいどうりゅう》（注19）という名僧を開山《かいざん》に招いて、建立された。

建立にあたっては、中国五山《ござん》（臨済宗《りんざいしゅう》の五つの代表的な名刹《めいさつ》）の一つ、万福寺《まんぷくじ》を模したといい、当時の中国で最新の寺院建築のスタイルが採用された。

まず、伽藍配置は三門、仏殿《ぶつでん》、法堂《はっとう》、方丈《ほうじょう》などの建物が南から北へ一直線に並ぶ、禅宗寺院に独特のものになった。そして、僧堂《そうどう》（禅堂《ぜんどう》）と呼ばれる座禅の道場が、新たに伽藍に加えられた。

また、釣鐘型《つりがねがた》をした花頭窓《かとうまど》、方形の石板などを斜め四五度に傾けて敷き詰めた四半敷《しはんじき》という床張りの手法、柱と礎石の間の椀型をした礎盤《そばん》と呼ばれる石、方丈や庫裏《くり》の入口にある、椀を伏せたような形をした唐破風《からはふ》など、それまでの日本の寺院建築では見られなかったものが、禅宗とともに伝えられた。

注19　1213〜1278。寛元《かんげん》4年（1246）、弟子とともに日本に来て、建長寺を開いた。その後、京都の建仁寺《けんにんじ》に迎えられたが、鎌倉に戻り、本格的な弟子の育成に努めた。本場の禅を正しく日本に伝えた功労者として高く評価されている。

このような禅宗寺院の細部の特徴は、当時としてはモダンなもので、他の宗派の寺院でも早くから採用されるようになった。花頭窓などは宗派を問わず、お寺を象徴する窓として親しまれている。

鎌倉時代に伝来した禅宗は、教義だけでなく、その後の日本の寺院建築に大きな影響を与えたのである。

▲花頭窓

▲礎盤

▲唐破風

# 本堂はどのように移り変わったのか

東大寺や法隆寺など奈良の古い寺院では、本尊を安置して寺院の中心となる建物を金堂《こんどう》といっている。初期の寺院では、金堂の中央に本尊仏をまつり、礼拝や法要のスペースは設けられていなかった。礼拝や法要はもっぱら金堂前の野外で行なわれていた。今でも奈良の古い寺院などは、この形式を保っている。しかし、これでは風雨や寒暑に対する備えが貧弱で、参拝には何かと不都合が生じる。

そこで、少し時代が下ると、金堂の前に礼堂《らいどう》という参拝者のためのお堂が建てられるようになる。これは参拝者の便宜を図ったものだが、それでも金堂と礼堂の間には一定の間隔が保たれていた。本尊を安置する金堂を神聖視して、人がみだりに出入りすることをはばかったためである。

ところが時代が下ると、金堂と礼堂を一体化した建物が登場する。これが、現在、どこの寺院でも見られる本堂の形式で、比叡山延暦寺の根本中堂《こんぽんちゅうどう》の構造にならったものだ。「本堂」の名も根本中堂を略したものであるといわれている。

天台宗の開祖、最澄（注20）は最初に一乗止観院《いちじょうしかんいん》という建物を建立して、薬師如来

注20　766～822。近江（滋賀県）の人で、14歳で出家した。後に東大寺で受戒して正式な僧侶となり、若くして仏教界の中心的な存在になった。しかし、都の喧騒と腐敗した奈良の仏教界を嫌い、比叡山に登って修行を続けた。唐に留学して天台宗の奥義を受け、これを日本流に集大成し、日本天台宗を開いた。その後の日本仏教に計り知れない影響を与えた。

をまつった。これが根本中堂の起源で、現在の建物は江戸時代に再建されたものだ。だが、再建にあたっては、元の形式を忠実に再現したといわれている。

その構造は中央を一段低くして石敷きにし、そこに須弥壇《しゅみだん》（本尊仏を安置する壇）を設けて本尊の薬師如来と千手《せんじゅ》観音をまつり、その前に千二百年のあいだ燃え続けているという「不滅《ふめつ》の法灯《ほうとう》」をまつる。これを内陣《ないじん》（本尊を安置する本堂の中心部）として、その外側に一段高く板張りにした外陣《げじん》を設けてある。内陣はそれまでの金堂に、外陣は礼堂に当たる。

　後世、この根本中堂の形式が一般の寺院に普及して、本堂と呼ばれるようになった。ちなみに、この形式が広く採用された理由は、参拝の便が良く、一棟にそれまでの金堂と礼堂を納めることによって、建築費も抑えられるからである。

　一般に見られる本堂は、一段高くした内陣の奥の須弥壇に本尊をまつり、その外側に「コ」の字型に外陣を設ける。内陣、外陣ともに床は畳敷きにし、また、須弥壇の上の厨子《ずし》の中に本尊仏を安置する寺院も多い。

▲延暦寺の根本中堂

# 「山門《さんもん》」と「三門《さんもん》」の相違点とは？

法隆寺や東大寺など、飛鳥・奈良時代に建立された初期の寺院は、都の平坦地に建てられた。これが、平安時代になると、比叡山や高野山などの山岳地帯に寺院が建てられるようになった。それにともなって、寺院に「何々山」という山号がつけられ、寺院の門も「山門」と呼ばれるようになったのである。そして時代が下ると、平地に建てられた寺院にも山号がつけられ、その門も山門と呼ばれるようになった。

また、禅宗寺院などでは「山門」の字を使わず、「三門」と書く場合もある。これは「三解脱門《さんげだつもん》」の略で、迷いから解放されるための三つの道を門にたとえたものだ。やはり寺院の正門を指す。三つの道とは空《くう》・無相《むそう》・無願《むがん》で、どれも物事にとらわれないことを意味する（注21）。そこから、三門は五間三戸《ごけんさんこ》（柱の間が五つで、入口が三つ）に造るのが基本だが、実際には三間一戸《さんけんいっこ》のものもある。

このように「山門」と「三門」は、どちらも寺院の正門を表わすが、前者が門のある場所を表わすのに対し、後者は仏教の教えを象徴するネーミングである。たとえば、知恩院や東福寺の三門は、つねに入口を開放してある。三つの解脱の道に、いつでも

注21　３つの入口のうち、それぞれどれが３つの解脱の道を表わすかは決まっていない。したがって、三門をくぐるときには、迷わず真ん中の入口を通ればよい。

自由に入っていくことができることを表わしている。

また、三門の両側には築地塀《ついじべい》などがない。これは、三門が大門や総門のごとく、みだりに部外者が入らないようにする防犯上の門ではなく、仏教の教理を表わす象徴的な門であることを示している。

いずれにしても、重層（二階建）の堂々たる門を「三門」、こぢんまりとした門を「山門」と書くのは、それぞれにふさわしい。

▲三門（鎌倉・光明寺）

## 火伏せの守護神とはいったい何か

東大寺大仏殿の屋根の両端には、長靴を逆さにしたような飾りが付いている。これは鴟尾《しび》と呼ばれ、魚の尾をデザインしたものだ。

日本の寺院建築は木造が主流で、火気に弱い。消火設備が未発達の時代、ひとたび火事になれば、ほぼ全焼を免れない。そこで古人は、火事を防ぐためにさまざまな工夫をし、祈りを込めた。その一つが鴟尾である。水中を自由に泳ぎまわる魚は水を自在に操って、火を消すことができると考えた。鴟尾は火伏せの守護神だったのである（注22）。

平安時代になると鴟尾は姿を消し、鬼瓦《おにがわら》が取り入れられる。こちらは火伏せだけではなく、寺院に降りかかるあらゆる災難を避けるためのものだ。さらに後世には、名古屋城の「金のシャチホコ」でおなじみの鯱《しゃちほこ》が登場する。しかし、これは寺院には用いられず、もっぱら城郭の屋根を飾った。

▲鴟尾

注22　天井に描かれた竜にも防火の願いが込められている。もともと竜は「竜神」で、雨を司る神。この神を天井に描いて、火が出たら雨を降らして消してくれることを願ったのである。いわばスプリンクラーのバーチャルリアリティだ。

# 寺院建築のディテールをさぐる

寺院建築の細部には、見どころがたくさんある。ここでは代表的なものをいくつか紹介する。また、これらの細部は、神社の建物にも共通して見られるものが多い。

## ◆虹梁《こうりょう》と木鼻《きはな》

虹梁は建物の最下部にある梁《はり》のことで、虹のようにアーチ型になっていることからこの名がある。また、木鼻は虹梁の両端が柱の外側に突き出したもので、象や獅子の頭部などの彫刻が施される。

▲虹梁

▲木鼻

◆蟇股《かえるまた》

蟇股は虹梁の中央で、その上の梁を支えるもの。カエルが足を突っぱったような形をしていることから、このように呼ばれる。目に付くところにあるため、早くからさまざまな彫刻が施されるようになった。有名な日光東照宮の「眠り猫」は、この部分に彫られている（注23）。

◆斗栱《ときょう》

「斗」という升形の部材と「栱」という船形の部材を組み合わせて、屋根を支える重

▲蟇股

▲斗栱

注23 「眠り猫」の裏側にはスズメが戯れている姿が刻まれている。すぐ側で遊んでいるスズメを猫は追いかけようともしないで、眠り続ける。そんな、平和な世の中が続くことを願ったものだ。

要な構造材。軒下に美しい幾何学模様を作り出す。

◆懸魚《げぎょ》

屋根の妻側（三角形の部分）で棟木《むなぎ》（注24）や桁《けた》（注25）の木口《こぐち》（切断面）を覆う板。木口に雨水が染み込んで、腐朽するのを避けるためのものである。懸魚の名には防火の願いが込められていて、初期のものは魚の尾のような形をしていた。目に付くところにあるため、早くから装飾が施され、蕪《かぶら》の形をした「蕪懸魚」、鏃《やじり》の形の「雁股《かりまた》懸魚」など、さまざまなものがある。

▲懸魚

注24　屋根の最上部で、屋根板を支える水平材。この水平材を組むことによって、建物の骨組ができあがる。そこから、今でも、上棟祭をして建築の工程が順調に進んでいることを祝う。

◆亀腹《かめばら》

縁の下をのぞくと、饅頭型の土台の上に柱が立っている。土を突き固めて盛り上げ、漆喰《しっくい》を塗ったもので、亀の腹のような形をしている。それで亀腹という。湿気を防ぐために工夫されたものだ。

▲亀腹

注25　棟木と同じく屋根板を支える水平材。棟木が屋根の頂点の位置にあるのに対して、桁は頂点から下ったところに何本か設け、順次、屋根板を支える。棟木とともに屋根を支える重要な構造材だ。

# 日本に建てられた純中国式の寺院とは？

江戸時代の初めに、長崎在住の華僑《かきょう》たちが故郷から禅僧を呼び寄せて、自分たちの菩提寺《ぼだいじ》を建立した。これが唐寺《からでら》の異称を持つ崇福寺《そうふくじ》の起源である。崇福寺には代々中国の僧侶が訪れて住職を務めた。第四代に中国黄檗山《おうばくざん》の住持《じゅうじ》だった隠元《いんげん》（注26）が招かれて、黄檗宗を伝えた。

その後、隠元は第四代将軍徳川家綱《いえつな》の帰依を受け、京都の宇治《うじ》に寺領を賜り、寛文《かんぶん》元年（一六六一）に伽藍を造営した。これが宇治万福寺《まんぷくじ》で、隠元が初代住持（住職）を務めて、日本黄檗宗の根拠地とした。

万福寺は、それまでの禅宗寺院とも異なる独特の雰囲気を持つ。山門から天王殿《てんのうでん》、仏殿、法堂が一直線に並び、左右に諸堂を配するのは中国の明朝式《みんちょうしき》の伽藍配置である。いちばん手前に天王殿を配し、ここに一山の守護として布袋《ほてい》像をまつるのは、中国の寺院によく見られる伽藍配置である。

また、建築細部にも、従来の寺院建築にはない特徴が随所に見られる。たとえば、後世は数寄屋造《すきやづくり》や茶室などにも見られる丸窓《まるまど》（円形の窓）、総門の屋根の両端を飾る鰐《わに》

注26　1592〜1673。承応３年（1654）、逸然《いつねん》という僧侶の請いに応じて来朝し、黄檗宗の禅を広めた。能書家としても知られ、黄檗三筆の一人に数えられる。

と竜を融合した魔伽羅《まから》という鬼瓦などである。

長崎の崇福寺も純中国式の伽藍だ。まず、山門（重文）は竜宮門《りゅうぐうもん》とも呼ばれ、文字どおり御伽噺《おとぎばなし》の竜宮城を思わせる門だ。この山門をくぐって石段を登って行くと、第《だい》一峰門《いっぽうもん》（国宝）がある。この門は中国の福州《ふくしゅう》（福建省《ふっけんしょう》）から材木を運んで造らせたものだ。大雄宝殿（仏殿、国宝）も明末清初の建築様式を伝える貴重な建物だ。また、外廊下の黄檗天井と呼ばれるアーチ型の天井や、軒先に突き出した宝珠型《ほうじゅがた》（桃の実のような形）の吊り柱なども、他の日本の寺院には見られない珍しいものだ。

さらに、中国で海上交通の守護神とされる媽祖《まそ》（注27）をまつる媽祖廟《びょう》という建物もある。年中行事にも関帝祭《かんていさい》や媽祖祭といった中国式の行事が多い。まさに究極の純中国式寺院である。

▲崇福寺

注27　中国本土や台湾の民間信仰で、非常に人気のある海神。戦後、日本にやって来た華僑の中にも、媽祖の像を抱いて海を渡ってきた人が少なくない。

# コラム③ 雪隠《せっちん》の語源は禅僧の名前？

古くはトイレのことを「雪隠」といった。最近ではあまり耳にしなくなったが、かつては日常語として親しまれていた言葉だ。トイレ（不浄所）の隠語だけあって、雪隠詰《づめ》（逃げ道のないところに追い込むこと）、雪隠大工（腕の悪い大工）、雪隠浄瑠璃《じょうるり》（まずい芸）など、悪いイメージの慣用句を生んだ。

このセッチンという言葉は、禅宗寺院の西側に設けられたトイレの異称「西浄《せいじょう》」に由来する。西浄を唐音《とうおん》（中国の唐代に使われていたという漢字の発音）で「セイチン」といい、これが音便化してセッチンになったというのである。

また、雪隠の文字については、さらに面白い由来がある。昔、中国に雪竇重顕《せっちゅうちょうけん》（九八〇～一〇五二）という臨済宗の高僧がいた。浙江省《せっこうしょう》の雪竇山に住んで禅風を広め、高僧と仰がれたことから雪竇の名がある。彼は若いころ霊隠寺《れいいんじ》というお寺で修行していた。そのとき、トイレの掃除をする役をしていたという。このことから、雪竇の「雪」と霊隠寺の「隠」をとって、「雪隠」というようになったという説もある。しかし、語源については、いま一つはっきりしない。

ところで、禅宗の寺院のトイレとしては、東司《とうす》という呼び名が一般的だ。文字どおり、東側にあるからそのように呼ばれる。古くは、禅宗の寺院では仏殿《ぶつでん》や法堂《はっとう》といった主要な建物の東西に、修行僧が生活する建物が配置されていた。僧侶たちは東西の二班に分かれて修行生活をしていたのである。したがって、トイレも東西に一つずつ備えてあった。しかし、後世、西側のトイレを示す「西浄」という言葉は姿を消し、東司がその代名詞となったのである。

## コラム④ 方丈《ほうじょう》が後世、大きな建物になった訳

禅宗の寺院で住持（住職）が住まう部屋を「方丈」という。その名はインドの維摩居士《ゆいまこじ》という在家《ざいけ》の優れた仏教者が一丈四方（約五・五畳）の簡素な部屋に住んでいたという故事に基づく。鎌倉時代の鴨《かもの》長明《ちょうめい》は方丈の庵《いおり》に住んで清貧の生活に甘んじ、名随筆『方丈記《ほうじょうき》』を書き記した。

つまり、方丈とは文字どおり雨露をしのぐに足るだけの質素な建物だったのだ。そして、後世、寺の住持のことを「方丈さん」などと呼ぶようになった。これは質素な方丈に住んで、清貧のうちに純粋な信仰生活をする人に対する尊称だったのである。

ところが時代が下ると、方丈がしだいに大掛かりな建物になってくる。とくに戦国時代以降は、大名が自分の私淑する名僧に寄進したため、客室や書院などを備えた方丈が登場した。たとえば、東福寺《とうふくじ》竜吟庵《りょうぎんあん》や大徳寺《だいとくじ》大仙院《だいせんいん》などが、この時代の方丈として有名である。また、方丈という呼び名はもともと禅宗の寺院で使われたものだが、後世は他宗でも住持の居室を方丈と呼び、江戸時代には庭園を設けた大方丈が各地の大寺に建てられた。

▲建仁寺（鎌倉）の方丈

# 第3章

# 寺院の境内に秘められた謎

# 「境内」という言葉が意味するもの

寺社の敷地のことを境内というが、これは文字どおり「境《さかい》」の「内側」という意味である。これに対して、境の外側のことを境外《けいがい》ということもある。寺院なら山門が、神社であれば鳥居が境になる。

その内側は神仏が住まう神聖な空間、外側はわれわれ人間が住む俗界である。だから、山門をくぐるときには軽く会釈をしたり、合掌したりする。また、鳥居の前でも会釈をする。そのようにして、神仏に敬意を表してから境の中に入っていくのである。

神社の境内は、神が降臨する神聖な空

▲山門から境内に入る（京都・東寺）

間と考えられている。これに対して、寺院の境内は仏国土《ぶっこくど》（仏の国）を表わしたものと考えられている。したがって、寺院の境内には仏の世界を彷彿《ほうふつ》させるようなさまざまな演出がなされているのである。

たとえば、宇治平等院《びょうどういん》の鳳凰堂《ほうおうどう》（注28）を取り巻く空間は、阿弥陀如来の仏国土である極楽浄土を地上に再現したものである。そのような空間に入っていくときには、とくに信仰心のない人でも自ずから頭が下がり、身が引き締まる思いがしないだろうか。

霊気が漂う寺社の境内は、もちろん信仰の場だ。しかし、信仰心のない人でも境内に入ると妙に心が安らぐ。喧騒に満ちた現代社会。境内が「癒しの空間」として注目されている。

▲境内は「仏国土」（鎌倉・光明寺）

注28　建物全体が鳳凰が翼を広げたような姿をしており、また、阿弥陀如来像をまつる中央の建物の屋根の両側に金属製の鳳凰が置かれていることから、この名で呼ばれている。

# 境内でぜひ見ておきたいスポットは？

寺院の境内は地上に仏国土を再現したもので、そこにはさまざまな見どころがある。先に述べたように、宇治平等院の庭園や、近年、復元された岩手県の毛越寺《もうつうじ》、京都の浄瑠璃寺《じょうるりじ》の庭園は、阿弥陀如来の極楽浄土を地上に再現したものだ。いっぽう、龍安寺《りょうあんじ》の石庭などは禅の思想を表わしたもので、いずれも仏教の教えに基づいた演出がなされている。

また、境内には蓮《はす》の花をはじめとして、仏教ゆかりの樹木が植えられており、その一つ一つに釈迦の教えが込められている。そして、アジサイや萩などを丹念に育て、名所としている寺院も少なくない。境内に草花を育てるのは、やはり仏の世界を彩る重要な演出なのだ。このような草木も境内の大きな見どころとなる。

さらに、寺院の境内に建っているお稲荷さんの社などは、寺院が建立される前からの地主神《じぬしがみ》（注29）や寺院の鎮守《ちんじゅ》（守護神）としてまつられたものだ。これらの社をじっくり見学し、その由緒来歴などを知ることも、現代版・古寺巡礼の目的にかなうものとなるだろう。

注29　その土地に古くから鎮座しており、そこに住むものを守ってくれると信じられている神。寺院を建立するときには、まず、地主神をまつった。現在でも広く行なわれている地鎮祭は、地主神をまつって工事の無事を祈るものである。

また、境内に四国八十八箇所の霊場や三十三観音の霊場のミニチュアがある寺院も少なくない。これらは各地の霊場に足を運ばなくても、手軽に御利益《ごりやく》にあずかることができるように作られたものだ。たいていは「第○○番札所　○○寺」などというように、四国霊場などにある寺院名を刻んだ石碑が並べられている。そして、その足元には実際に遍路をした人が持ち帰った砂などが撒《ま》かれていることもよくある。石碑の寺院名の一つ一つに触れることで、さらなる古寺巡りの世界が広がるだろう。

また、寺院には墓地が付きものだ。墓地に立ち入ることを嫌う人も多いが、これも境内の見どころの一つといってもいいだろう。中には大名家の墓地など、見ごたえのあるものも時にはある。ただし、墓地を散策する場合は静粛にし、墓参の人の迷惑にならないように注意しなければならない。

このほか、石仏や記念碑、句碑、歌碑など境内の見どころは極めて多い。そして、境内散策の極意は、あまり人の行かないところに目を向けることだ。何の変哲もない石ころにいわれがあることも、少なくないのだ。

▲浄瑠璃寺の境内（京都府・加茂町）

## 寺院の境内になぜ稲荷神社があるのか

平安時代の初めに、天台宗の開祖、伝教大師最澄《でんぎょうだいしさいちょう》は比叡山を開くにあたって、この土地に古くから鎮座する地主神である、比叡《ひえ》（日枝《ひえ》）の神を丁重にまつった。これが現在、滋賀県にある日吉《ひよし》神社（古くはヒエと読んだ）の起源である。最澄が比叡山の開創に先立って、比叡の神をまつったことは、神仏習合（注30）の魁《さきがけ》となる出来事だった。

そして、平安時代の中ごろになると、神社の境内には神宮寺《じんぐうじ》というお寺が建てられ、僧侶が神前でお経を唱え、いっぽう、寺院には神々をまつる神社が建てられるようになった。つまり、外来の宗教である仏教と日本古来の神道の神が、同じ敷地の中で仲良く暮らすようになったのである。この不思議な現象を神仏習合といい、時代が下るとますます盛んになっていった。

たとえば、愛知県の豊川稲荷の基になるのは妙厳寺《みょうごんじ》という曹洞宗のお寺である。もともと妙厳寺の鎮守としてまつられたお稲荷さんが信仰されるようになり、江戸の末期から爆発的な信仰を得た。その結果、本体の妙厳寺よりも有名になってしまったの

注30　日本固有の神に対する信仰（神道）と仏教の信仰を調和融合したもの。神仏混淆《こんこう》ともいわれる、わが国独自の信仰だ。仏教伝来（538年）から間もない奈良時代に始まり、平安時代の後期以降は日本の寺社信仰の中心となった。明治の神仏分離《しんぶつぶんり》で神道と仏教はいちおう引き離されたが、現在でも根強い人気がある。山岳修行をする山伏《やまぶし》なども神仏習合の産物。

である。このように神仏が共存する状態は、江戸時代の末まで続いたのである。

しかし、明治になって維新政府が神道を国教と定めると、「神仏判然令《しんぶつはんぜんれい》」というものを作った。それまでごっちゃになっていた神社と寺院を引き離して、神道の本拠地である神社の存在をはっきりさせようとした。その結果、寺院内の神社や、神社内の神宮寺は境内の外に出され、神仏の共存に終止符が打たれたのである。

とはいっても、どうしても神社と寺院を切り離すことができないケースもあった。たとえば日光東照宮は二荒山《ふたらさん》神社、輪王寺《りんのうじ》とともに二社一寺が渾然一体となっていて、これを完全に切り離すことは不可能だった。そのため、現在でも東照宮の入口には五重塔が建ち、境内には薬師堂や鐘楼などが残されているのである。

第二次世界大戦後は神道が国教ではなくなり、神仏をともにまつることも、各寺院の裁量に任された。その結果、かつて神仏判然令で移転させられた神を再び勧請《かんじょう》（注31）したり、さらには稲荷などを新たに勧請して社を構える寺院が多くなった。

▲豊川稲荷

注31　他所にまつられている神仏を招いて、新たにまつること。八幡社や稲荷社はすべて宇佐八幡や伏見稲荷の神霊を分けてもらって、まつったものだ。

# 梵鐘《ぼんしょう》の音色《ねいろ》が余韻ゆたかな訳

梵鐘の起源はインドにあり、これが中国、朝鮮半島を経由して日本に伝えられた。今でもお寺のシンボル的な存在として親しまれている。「梵」には「神聖な」という意味があり、神聖、清浄な音を出すから梵鐘と呼ばれるようになった。

また、日本では、梵鐘のことを「鯨鐘《げいしょう》」「巨鯨《きょげい》」「華鯨《かげい》」などともいう。初期の梵鐘は中国や朝鮮半島から輸入されていた。船に積まれて到着した梵鐘の姿が鯨に似ていたことからつけられた異名である。

一般に、梵鐘は高さが一五〇センチから二〇〇センチぐらい、直径六〇センチから九〇センチぐらいのものが多い。ただ、古いものほど大きく、知恩院《ちおんいん》の梵鐘などは高さが五・五メートルもある巨大なものだ。

形はいわゆる釣鐘《つりがね》型で、最上部につけた竜頭《りゅうず》(二頭の竜の頭を下向きにして胴体をくっつけたもの)に縄を通して鐘楼に吊るす。また、表面に鋳出《いだ》される文様なども、だいたい決まっている。本体の下から三分の一ぐらいのところに、撞座《つきざ》という部分を設け、ここに撞木《しゅもく》(撞き棒)が当たるようにする。撞座は撞木よりも直径が少し大きい円形で、回りには蓮弁《れんべん》（蓮の花びら）をあしらったものが多い。

この撞座は反対側の同じところにもあり、二つの撞座を縦に結ぶ縦帯と、これと十字に交わって一周する横帯が鋳出されている。この二本の帯は十字に交差して襷《たすき》がけになっていることから、袈裟《けさ》襷《だすき》と呼ばれる。

また、上部にはいくつもの小さな突起が見られる。これは乳首のような形から乳《ち》と呼ばれ、この乳が並んだ部分を「乳《ち》の間《ま》」と称している。乳は単なるデザインではなく、音響効果を高めるための重要な役割を果たす。この乳の間の下に銘文《めいぶん》（注32）などが鋳出され、ここを「池《いけ》の間《ま》」という。

梵鐘は、銅に少量の錫《すず》や亜鉛などを混ぜた合金で造られる。これが余韻を持った音を出す秘密で、さらに繊細な音を出すために金《きん》を混ぜることもある。また、鋳造に当たっては、檀信徒らが持ち寄った貴金属を記念に鋳込むことが多い。

日本最古の梵鐘は京都の妙心寺浄金剛院《みょうしんじじょうこんごういん》のもので、文武《もんむ》天皇二年（六九八）の銘がある。また、東大寺、平等院、園城寺《おんじょうじ》（または神護寺《じんごじ》）の梵鐘は、古くから「天下の三鐘《さんしょう》」として有名である。

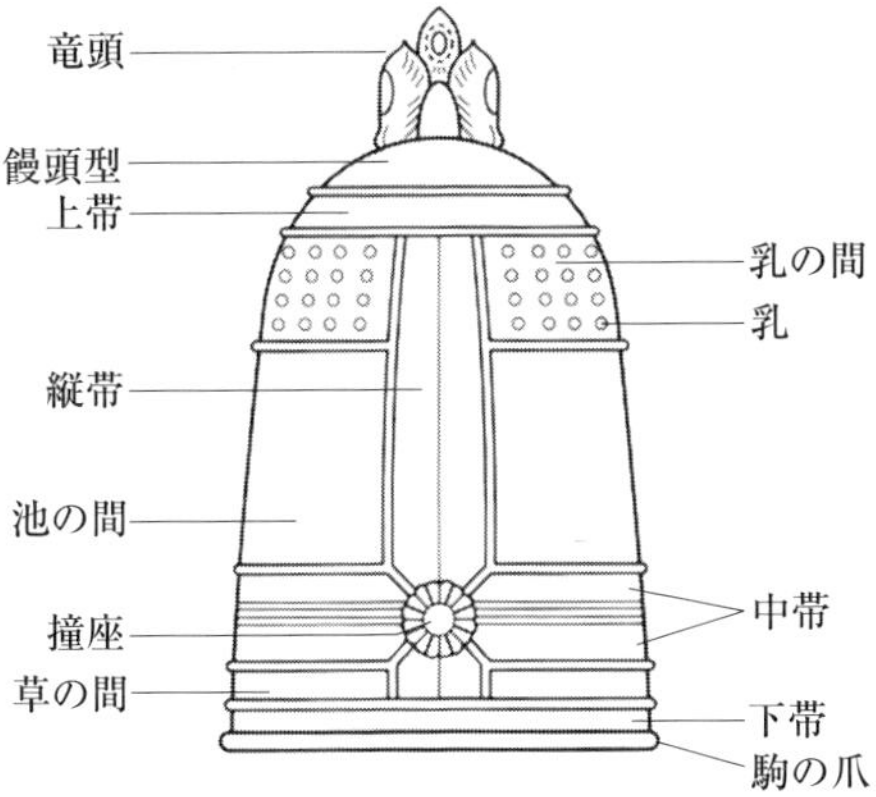


▲梵鐘

注32　鋳造の趣旨や年月日などを書く。京都・方広寺の梵鐘には「国家安康《こっかあんこう》　君臣豊楽《くんしんほうらく》」と書かれていた。これに対して、徳川家が「家康の二文字を離し、豊臣(臣豊)の二文字を続けたのは、徳川家に対する謀反心のあらわれだ」と難癖をつけた。これが大坂夏・冬の陣の原因となり、豊臣氏は滅びることになった。

# 境内の池は何のためにあるのか

仏教では不殺生戒《ふせっしょうかい》（生き物を殺さないという戒律）を重視する。肉や魚などの生臭《なまぐさ》ものを使わない精進料理《しょうじんりょうり》が発達したのも、不殺生戒を守るためだ。そして、日ごろの殺生を反省し、生き物の生命を尊重する精神を養うために、鳥や魚を池沼や山野に放して供養する「放生会《ほうじょうえ》」という法要が営まれるようになった。この放生会を行なう池を「放生池《ほうじょうち》」というのである。

このような習慣は中国から伝えられ、持統《じとう》天皇の三年（六八九）には近畿地方を中心に数ケ所の殺生禁断の地が定められた。そこでは鳥獣や魚介類の捕獲が固く禁じられ、日を定めて放生会が行なわれたという。以降、放生会が普及し、各地の寺院や神社の境内に放生池が設けられるようになった。ただし、近くに海や川のある寺院では、とくに放生池を設けない。

通常、放生会は旧暦の八月十五日に行なわれる。この日にはあらかじめ用意しておいた魚などを池に放って、ねんごろに供養するのである。ちなみに、現在では鰻《うなぎ》やフグの調理師の参加が多い。

# 仏教ではなぜ蓮の花を大事にするのか

蓮華《れんげ》（蓮《はす》の花）は仏教を象徴する花としてよく知られている。蓮華にはサトイモなどの葉と同じように水をはじく性質があり、池や沼の泥水の中から生え出て、泥水に染まることなく美しい花を咲かせる。仏教では泥水を煩悩《ぼんのう》（迷い）にたとえ、蓮華を決して煩悩に汚されることのない仏の悟りにたとえて尊重したのである。

経典には白、赤、黄、青などのさまざまな蓮華が登場する。このうち、蓮の花は白と赤で、黄や青は睡蓮《すいれん》のことである。種々の蓮華の中でも最も優れた、気高い花とされるのが白蓮華《びゃくれんげ》である。

有名な『法華経《ほけきょう》』の正式名称は『妙法蓮華経《みょうほうれんげきょう》』といい、これをサンスクリット語で『サッダルマ・プンダリーカ・スートラ』という。サッダルマは「正しい仏の教え（妙法）」、プンダリーカは「白蓮華《びゃくれんげ》」、スートラは「経典（経）」の意味である。これを現代語訳すると、『白蓮にたとえられる正しい教えの経典』ということになる。つまり、仏典の中でも最高の教えといわれる『法華経』を、蓮華の中でも最上の白蓮華にたとえたのである（注33）。

注33　初期の仏教では女性は成仏《じょうぶつ》できないとされ、万人救済を説く仏教の教理と矛盾すると考えられていた。しかし、『法華経』では女性の成仏（女人成仏《にょにん》）を説き、これによって万人救済の道が開かれた。『法華経』が最高の教えといわれるゆえんである。『法華経』は28章からなる膨大な経典で、紀元前後から2、300年の歳月をかけて完成したと考えられている。

また、阿弥陀如来の極楽浄土について述べた『大阿弥陀経《だいあみだきょう》』という経典には、人は死んだ後、阿弥陀如来に迎えられて、極楽浄土へ昇り、そこの池に生えている蓮華の中に再生すると説かれている。さらに東大寺の大仏に代表される毘盧舎那仏《びるしゃなぶつ》は、花弁が千枚もある巨大な蓮華の台座にすわって法（教え）を説き、その千枚の花弁の一枚一枚には釈迦如来が一人ずついて、法を説いていると述べられている。

このように蓮華は仏教のシンボルとなっているが、実はインドでは仏教が起こるずっと以前から人々に尊重されていた。インドの世界創造神話には、ブラフマン（梵天《ぼんてん》）という神が蓮華から生まれ、やがてこのブラフマンから天地万物が生じたことが述べられている（後世、梵天は仏教に取り入れられて、その守護神となった）。

現在でも蓮華はインドの国花として親しまれ、祭や結婚式などのお祝い事には欠かすことができない花だ。つまり、インド人の間では、めでたい花、ありがたい花として愛され続けているのである。

いっぽう、日本では仏教とともに伝えられたせいか、蓮華は葬儀などの不祝儀《ぶしゅうぎ》に欠かせない花というイメージが強いようだ。

▲蓮の花は悟りの象徴

# 境内に見られる仏教ゆかりの樹木とは？

蓮のほかにも、寺院の境内には仏教ゆかりの植物がいくつか見られる。その代表が菩提樹《ぼだいじゅ》と沙羅《さら》で、この二つを植えているお寺も少なくない。

まず、菩提樹は釈迦が三十五歳のときにこの木の下で悟りを開いたことから、その名がある。菩提はサンスクリット語のボーディを音写《おんしゃ》したもの。「悟り」の意味である。ただし、日本のお寺で見られるのは、インドの菩提樹とは異なり、中国原産のシナノキ科の樹木。

沙羅の木は、釈迦がこの木の下で入滅（亡くなること）したことから、仏教で珍重される。インドではシャールと呼ばれる二〇メートル以上に生長する樹木で、各地でよく見られる。日本の沙羅の木はナツツバキというツバキ科の樹木。シャールとは異なる。しかし、仏典には釈迦が入滅したときに、木々が季節はずれの花を満開にしたと説かれている。そして、ナツツバキが真夏の花の少ない季節に花を咲かせることから、沙羅になぞらえたものと思われる。また、ふつう「沙羅双樹《そうじゅ》」といわれる。双樹は二叉の意味。これも仏典に、釈迦が二叉の沙羅の木の間に寝台をしつらえて横になり、最期を迎えたといわれていることから、双樹と呼ばれるのだ。

また、マンジュシャゲはもともと天界に咲くといわれる架空の花である。日本では秋の彼岸ごろに咲くことから、ヒガンバナの名で親しまれている。さらに、仏事などでよく用いられるシキミという常緑樹がある。これは葉の形が蓮の花の花弁に似ている。そのため、仏教で珍重され、芳香を含む葉は香の原料にもなる。一説に、この香りをオオカミが嫌うので、土葬の時代にオオカミ（注34）が遺体を掘り起こしたりしないよう、墓地に植えられたとか。

▲菩提樹（中国原産のもの）

▲沙羅（ナツツバキ）

注34　山犬とも呼ばれる、日本原産のオオカミ。シベリアや北米などのものよりも小型で、耳と四肢が短いのが特徴。明治の初めまでは本州・四国・九州に多く棲息していたが、現在では絶滅した。

# 賽銭箱《さいせんばこ》はいつごろ出現したのか

もともと賽銭とは、神仏に祈願するときに捧げる金銭のことである。古くは後日、祭や法要を行なうための費用として捧げていた。神道では「散米《うちまき》」という風習があり、米を紙に包んだものを神前に供える。今でもこの風習を残しているところがある（注35）。貨幣が一般に流通してからは、米の代わりに貨幣を紙に包んで捧げた。

また、古くは中国で神仏に銭を捧げることを「散銭《さんせん》」といった。この言葉が賽銭の語源になったようだ。賽銭の「賽」はサイコロの意味で、まき散らす（投げる）ということから、このようにいわれる。

賽銭はもともと神道の風習だった。時代が下ると仏教にも取り入れられ、寺社を問わず賽銭箱が備えられるようになった。鎌倉の鶴岡《つるがおか》八幡宮には、天文《てんぶん》年間（一五三二～五五）に賽銭箱が置かれたという記録がある。おそらくこのころから、全国各地の寺社で賽銭箱を備えるようになったと見られている。

ちなみに、賽銭の多少によって御利益《ごりやく》が異なるなどとよくいわれるが、これは祈る人の心の問題。少額でも真摯な態度で祈れば、必ず神仏の御加護《かご》がある。

注35　現在でも上棟式《じょうとうしき》（建前《たてまえ》）や祝い事のときに、紙に包んだ米や餅をまく風習が見られる。これらは散米に由来するものと思われる。

# 門前の高札《こうさつ》は何に使われたのか

高札とは、山形の五角形の板に法度《はっと》（法令）などを書いて町の要所に掲げ、人々にその内容を知らせるものをいう。この高札、室町時代のころに登場し、江戸時代になると、「高札の辻」という専用の場所までできて、民衆へのメディアとして重要な役割を果たした。

この高札が寺院でも採用され、寺の行事や重要な伝達事項などを書いて、訪れた人々に知らせるようになった。主として大寺院に掲げられ、春秋の彼岸《ひがん》などの定期的に行なわれる法要や行事などを知らせるものが多い。さらに、「山門不幸《さんもんふこう》」と書かれた高札を見かけることがある。これは、その寺の住職や宗派の管長《かんちょう》などが亡くなったことを知らせるものだ。これによって、一山《いちざん》（一宗派）が喪に服していることを示すのである。

このほか、今では「本堂」や「鐘楼」などと書かれたもの、あるいは「境内禁煙」などと書かれたものもある。これは、寺院の建築にマッチした高札の形式を案内板などに利用したものである。

▲寺院の高札

# 寺院にはなぜ墓地が付きものなのか

日本では古くから、死体は汚れたもので、生きている者に祟《たた》ると考えられていた。そのため、有力な豪族の首領などは古墳を造って丁重に葬られたが、一般民衆の死体は人里離れた山の中などに捨てられていた。このような風習は長く続き、地方によっては近世に至るまで死体を遺棄していた。そして、日本古来の風習や思想を重んじる神道でも、死体は汚れたものと見なしてきたのである。神社にお墓がないのはそのためだ。

しかし、仏教が伝来すると、死に対するこのような考え方が一変した。仏教には人間は生死を繰り返すという輪廻転生《りんねてんしょう》の思想（注36）がある。そして、人間の肉体は地《ち》・水《すい》・火《か》・風《ふう》の四つの元素からできている。死ぬとこの四つの元素は分解されて自然に還るが、時が経つと縁を得て再び集まり、肉体を形成すると考えるのである。

このような思想に立てば、死体は汚れたものでも、祟るものでもない。僧侶たちは死体を恐れることなく、淡々と供養した。もともと仏教は葬儀を専門にする宗教ではなかった。だが、実質的に僧侶が葬送に関わるようになったのである。仏教では釈迦

注36　生き物は死んでも、再び地獄《じごく》・餓鬼《がき》・畜生《ちくしょう》・修羅《しゅら》・人間《にんげん》・天《てん》（神）のどこかの世界に生まれ変わるという思想。人間に生まれても、行ないが悪いと、地獄や畜生（動物）に生まれ変わったりする。上の六つを六道《ろくどう》といい、生き物は悟りを得ない限り、永遠にこの六道を経めぐるという。

が亡くなったときに、その遺体を荼毘《だび》に付し（火葬にして）、丁重に葬った。つまり、仏教には葬送儀礼の手本があった。しかし、神道にはそれがなかったのである。

このように、仏教は伝来当初から積極的に死者の供養を行ない、ねんごろに菩提《ぼだい》を弔《とむら》った。これは当時の日本人にとっては朗報だった。それまで恐れていた死体を、僧侶が滞りなく、丁重に葬ってくれる。死体を捨てることに言いようのない恐怖と、後ろめたさを感じていた人々は肩の荷を降ろした。

以降、人が死んだら僧侶を呼ぶ、という図式ができあがった。そして、寺院の近くに墓地を造り、僧侶がつねに読経をして、死者を供養するようになったのである。仏教が葬儀と深く関わり、寺院に墓地が付きものとなったのは、このためである。

ただし、墓地が普及したのは室町時代ごろからのことで、なおかつ一般庶民が墓石を建てるようになったのは、江戸時代の中ごろ以降のことといわれている。

▲静かな墓地のたたずまい

# コラム⑤ 仏典の菩提樹、その種類とは？

仏教を代表する木として知られる菩提樹は、松や桜のような固有の植物名ではない。釈迦がこの木の下で悟りを開いたことからつけられた通称である。本来の名前はピッパラ、または、アシュバッタという。

実は、仏典には、ほかにもさまざまな菩提樹が挙げられているのだ。釈迦が亡くなってしばらくすると、釈迦以外にも釈迦と同じ悟りを開いて仏陀となった者がいると考えられるようになった。

まず、釈迦以前に六人の仏陀がいたと考えられ、この六人に釈迦を含めて「過去七仏《かこしちぶつ》（過去の七人の仏陀）」と呼ぶようになった。

また、未来にも釈迦と同じ悟りを開く者が出現すると考え、釈迦が亡くなってから五十六億七千万年後にこの世に降りてきて、悟りを開く弥勒菩薩《みろくぼさつ》の存在が考え出された。

さらに、現在にもわれわれが住む娑婆《しゃば》世界のほかの世界にたくさんの仏陀がいて、教えを説いていると考え、阿弥陀如来《あみだにょらい》や薬師如来《やくしにょらい》が登場することになった。

このようにして出現した多くの仏は、みな釈迦と同じように木の下で悟りを開いたといわれ、その木を菩提樹というのである。つまり、菩提樹は悟りの木の総称なのだ。釈迦以前の六人の仏には、それぞれ特定の菩提樹があり、弥勒菩薩の菩提樹は竜下樹《りゅうげじゅ》という。また、阿弥陀如来や薬師如来も特定の菩提樹の下で悟りを開いた。

ただし、これらの菩提樹のほとんどは架空の樹木である。阿弥陀如来の菩提樹などは高さが四百万里もあり、宝石でできているという。また、弥勒菩薩の菩提樹とされる竜下樹も、高さが五十里もあるという架空の木である。テリハボクという常緑樹をこれに当てている。テリハボクは日本では沖縄などに自生し、光沢のある長楕円形の葉が美しい木である。沖縄ではこの実を串刺しにしてロウソク代わりに使っていた。

釈迦はインドボダイジュと呼ばれるクワ科の常緑樹の下で悟りを開いたと考えられる。古くからこれが釈迦の菩提樹とされ、現在でもインドでは街路樹などにも使われ、どこへ行っても見られる木だ。インドのブッダガヤというところには、二千五百年前に釈迦がその下で悟りを開いたというインドボダイジュの巨木がある。多くの人々が参拝に訪れている。ただし、これが釈迦の在世当時の、初代の菩提樹かどうかは、疑わしい。

また、日本の寺院にも菩提樹を植えているところが少なくない。しかし、こちらはほとんどが中国原産のシナノキ科の樹木である。この木が鎌倉時代に日本に伝えられ、各地に広まった。インドボダイジュはハート型になった葉の先が細く尖《とが》っているのが特徴だ。しかし、中国原産のボダイジュは葉が丸みを帯びている。

また、シューベルトの歌曲で有名な菩提樹（リンデンバウム）はヨーロッパシナノキと呼ばれる。日本産のシナノキによく似たもので、これもインドボダイジュとは異なる。ちなみに、東京・銀座にはリンデンバウムの並木がある。

# コラム⑥ 龍安寺《りょうあんじ》の石庭《せきてい》が表わすもの

京都・龍安寺の庭園は、「石庭」の名で人々に親しまれている。この庭園は七五坪ほどの敷地に、十五個の自然石を左から右に七個、五個、三個のグループに分けて組み合わせ、その回りに白砂を敷き詰め、さらに築地塀《ついじべい》で囲ってある。石組の回りのコケ類を除いて、草木は一本もない。極度に抽象化された庭園は、一種異様な雰囲気を醸し出している。

これは草木や石組をバランスよく配した従来の庭園とは異なり、単に愛でるための庭ではない。余分なものを徹底して除いた造形の中に、禅の「無《む》」の思想が表現されているといわれている。つまり、雑念を払って無の境地に近づいた者だけが、この庭の本当の姿を見ることができるというわけだ。

石は仏・菩薩を表わし、白砂は流水を表わす。無の境地に近づいた者が見れば、そこに広大無辺な仏の世界が開け、大海のように大きな流れとなって生々流転する万物の営みが瞬時に見えてくるのだ。

室町時代中ごろの作。作者は不明だが、奥義を極めた禅僧の作であることは間違いないだろう。

このような、非常に抽象的な庭は、鎌倉時代に伝来した禅宗の影響を強く受けて造られたものである。禅宗は、それまでに見られない、まったく新しい形式の庭園を伝えた。この時代、僧侶の中に「石《いし》立僧《だてそう》」という作庭の専門家が現われた。彼らは大小の石を組み合わせて枯山水《かれさんすい》風の庭園を造り出したが、中でも傑出していたのが夢窓疎石《むそうそせき》だった。「苔《こけ》寺《でら》」で有名な京都の西芳寺《さいほうじ》や鎌倉の瑞泉寺《ずいせんじ》などの優れた庭園を造った。

鎌倉時代に基礎を確立した禅宗庭園は、室町時代に完成される。前述したように、禅の思想を造形化

▲円覚寺（鎌倉）の庭園

した禅宗庭園は、その構成が極度に抽象化、象徴化されるのが特徴である。三尊石《さんぞんせき》と称する三個の石を三尊仏に見立てて作庭するのが基本である。これが「石庭」や「枯山水」の究極の造形美を生み出したのである。

ちなみに、龍安寺の石庭とともに、この時代を代表するものに、京都・大徳寺《だいとくじ》の塔頭《たっちゅう》である大仙院《だいせんいん》の庭園がある。永正《えいしょう》一〇年（一五一三）ごろに造られたもので、石庭と枯山水の融合した庭園である。三十坪ほどの平面に百個以上の自然石を絶妙のバランスで配置したもので、観音石、不動石などと名づけた石を滝に見立て、一面に白砂を敷き詰めて流水に見立てている。

これらの庭園に、おぼろげながらでも仏・菩薩の影を見ることができれば、ほんの少しは無の境地に近づいているのかもしれない。

# 第4章

# 仏像拝観のキーポイント

# 仏像にはどんな種類があるのか

日本の寺院には、実にさまざまな仏像が安置されている。一般にその種類を如来《にょらい》（仏《ぶつ》）、菩薩《ぼさつ》、明王《みょうおう》、天《てん》（神々）などに大別することができる。

◆如来と菩薩

まず、如来像は仏像の起源で、仏教の開祖、釈迦をモデルにしたものだ。初めは釈迦如来像だけだったが、大乗仏教の時代になると、阿弥陀如来や薬師如来、大日如来など、さまざまな如来像が造られるようになった。われわれは一般に、如来や菩薩、明王など、すべての像をひっくるめて「仏像」と呼んでいる。だが厳密には、仏（如来）の像、如来像だけが仏像ということになる。

如来像は地位、財産、家族など一切のものを捨てて出家した後の釈迦の姿をモデルにしている。そのため、一枚の衣だけをまとい、装身具などはまったく身につけていない。いっぽう、菩薩像は出家前の姿、王子時代の釈迦をモデルにしたため、宝冠《ほうかん》をかぶり、ネックレスやイヤリングなどさまざまな装身具を身につけている。

もともと菩薩というのは、釈迦が悟りを開く前の修行時代の呼び名だった。しかし、紀元前後に大乗仏教が興ってからは、観音《かんのん》菩薩や文殊《もんじゅ》菩薩、普賢《ふげん》菩薩などさまざまな菩薩が考え出され、その像が造られるようになった。そして、十一面観音や千手《せんじゅ》観音が登場する。つまり、初めて仏像に多面多臂像《ためんたひぞう》（複数の顔と手を持った像。注37）が現われた。これらの多面多臂像はヒンドゥー教の神々の影響を受けたものだ。

▲阿弥陀如来（東京国立博物館所蔵）

▲菩薩像

注37　まず、最初に十一の顔を持つ、十一面観音が登場し、それからしばらくして千本の手を持つ千手観音が現われた。以降、明王や天の像を中心に数々の多面多臂像が造られるようになる。

## ◆明王

大乗仏教がさらに発展したものが、七世紀ごろに成立した密教《みっきょう》だ。この密教で考え出されたものが、不動明王をはじめとする明王である。明王は密教の教主《きょうしゅ》（教えを説いた人）、大日如来《だいにちにょらい》の化身《けしん》といわれ、如来や菩薩のように慈悲に満ちた温和な顔で教え諭しても、なかなか言うことを聞かない人々を、強引に教え導くといわれている。明王が恐ろしい忿怒《ふんぬ》の相をしているのは、そのためである。明王はインドで古くから信仰されていた神々が、仏教に取り入れられたものといわれている。

▲不動明王

## ◆天（神々）

天は神々のことで、仏像の分類では天部《てんぶ》ともいわれる。四天王《してんのう》（注38）、帝釈天《たいしゃくてん》などの「天」である。天はもともとインドで古くから信仰されていた神々で、日本の八《や》

持国天

広目天

増長天

多聞天

▲四天王

注38　仏教の教えと、それを信じる人を守る四人の守護神。東西南北の各方角を守るといわれている。持国《じこく》天（東）、広目《こうもく》天（西）、増長《ぞうちょう》天（南）、多聞《たもん》天（北）の４人の王で、このうち北を守る多聞天がリーダー。また、多聞天は単独でまつられたときには毘沙門天《びしゃもんてん》と呼ばれる。他の三天は四天王として集団でまつられ、単独でまつられることはない。

百万《およろず》の神にあたる。梵天《ぼんてん》や帝釈天のように、初めから善神だったものもいる。だが、阿修羅《あしゅら》のように、初めは仏教に敵対した悪神もいる。その神々が釈迦の教えを聞いてみな仏教に帰依し、その守護神となったのである。仏像の中では天部が最も種類が多く、姿もバリエーションに富んでいる。

◆羅漢《らかん》、高僧《こうそう》など

釈迦の直弟子の姿を表わした十大弟子《じゅうだいでし》像、羅漢像なども仏像の一種だ。十大弟子とは釈迦の十人の高弟で、釈迦亡き後は、これらの弟子が仏教教団を指導した。羅漢は正しくは阿羅漢《あらかん》（悟りを開いた者）といい、十大弟子をモデルにしている。どちらももとはインド人だが、中国で造られたため、中国人的な風貌をしている。理想的な修行僧の姿を表わしたもので、禅宗寺院にまつられることが多い（注39）。

また、最澄《さいちょう》や空海《くうかい》、日蓮《にちれん》などの肖像を高僧像と呼び、これも仏像の一種だ。他の仏像が人間ばなれした容姿を持つのに対し、高僧像は歴史上の人物をモデルにしているため、親しみやすいものが多い。最もよく知られているのが達磨大師《だるまだいし》像である。日本では後世、起き上がり小法師《こぼうし》などの玩具まで造られるようになった。また、唐招提寺《とうしょうだいじ》の鑑真和上《がんじんわじょう》像や一休禅師《いっきゅうぜんじ》像などのように、高僧の人柄をよく伝えている名作が少なくない。

最後に、日本で平安時代の初期から仏像の影響を受けて造られるようになった神像《しんぞう》

注39　一般には十六羅漢（16人の羅漢）をまつるが、黄檗《おうばく》宗の寺院ではこれに二尊を加えて十八羅漢をまつる。また、禅宗寺院では釈迦如来の脇侍《わきじ》として、十大弟子のうちの大迦葉《だいかしょう》・阿難《あなん》が従うことが少なくない。大迦葉は仏弟子の長老で、釈迦亡き後は、教団のリーダーとして活躍した。阿難は釈迦の従兄で、最も親しく釈迦に仕えた人である。

というものがある。天照大御神《あまてらすおおみかみ》や須佐之男命《すさのおのみこと》などの像が造られた。しかし、日本の神はもともと目に見えないものという信仰が根強かったため、あまり普及することはなかった。ただし、平安時代末になると、神仏習合《しんぶつしゅうごう》によって、僧形八幡《そうぎょうはちまん》や蔵王権現《ざおうごんげん》などが造られるようになり、各地にまつられるようになった。

▲羅漢像（長崎・崇福寺）

▲蔵王権現（東京国立博物館所蔵）

## 仏像の持物《じもつ》が表わしている意味とは？

仏像はさまざまな物を手にしている。これを持物という。仏像の御利益《ごりやく》などを象徴するもので、仏像の種類を見分ける重要なポイントにもなる。また、一つ一つに意味があり、救済の手段を表わしている。そして、千手観音は、その多くの手にありとあらゆる持物を持ち、すべての手段で人々を救うことを表わしているのである。

◆蓮華《れんげ》、水瓶《すいびょう》、如意《にょい》宝珠《ほうじゅ》、錫杖《しゃくじょう》

観音菩薩はふつう蓮華と水瓶を持つ。蓮華は泥の中から生じても泥の汚れに染まることなく、美しい花を咲かせる。このことから煩悩《ぼんのう》（注40）に染まることのない悟りの智慧を象徴する。観音菩薩だけではなく、他の菩薩にも共通して見られる代表的な持物である。

水瓶は如意瓶《にょいびょう》、軍持《ぐんじ》などとも呼ばれる一輪挿し、あるいは徳利のような容器だ。この中には人々の願いを満たす財宝が蓄えられているという。

また、地蔵菩薩は右手に錫杖という杖、左手に如意宝珠という桃の実のような形をしたものを持っている。錫杖は文字どおり旅をするときについて歩く杖のこと。巡錫《じゅんしゃく》

注40　人間の心の中にある迷いで、仏教では、これがあるから苦しむと考える。一般に108の煩悩があるといわれ、子供をかわいがるのも「子煩悩」といわれ、その一つに数えられる。

という言葉があるように、地蔵菩薩が各地を経めぐって衆生《しゅじょう》（すべての人々）を救済することを表わす。また、如意宝珠は人々の願いを何でも叶えてくれるありがたい珠だ。如意宝珠は地蔵菩薩のほかにも、如意輪観音の持物としてよく知られている。

▲蓮華

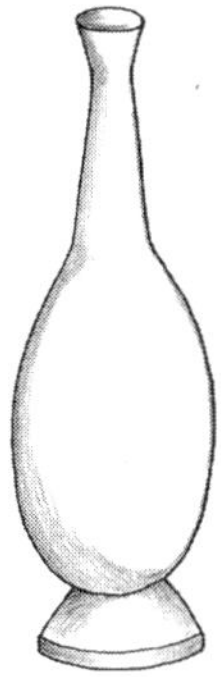

▲水瓶

▲如意宝珠

## ◆剣《けん》、羂索《けんじゃく》、金剛杵《こんごうしょ》

不動明王は右手に剣、左手に羂索という縄を持っている。剣は煩悩を破壊することを表わす。羂索はもともと狩猟や戦《いくさ》に使う道具で、あらゆる煩悩を縛り付けることを象徴する。また、羂索は不空羂索《ふくうけんじゃく》観音のトレードマークとしても知られている。しかし、その場合は、すべての人を救い取るための強力な道具を表わしている。

密教で重要なのが金剛杵という武器である。これは雷の稲妻をかたどったという古代インドの武器で、やはり煩悩を打ち砕くものだ。両端が槍《やり》のようになった独鈷杵《どっこしょ》、三叉に分かれた三鈷杵《さんこしょ》、五つに分かれた五鈷杵《ごこしょ》などがある。明王の多くがこの金剛杵

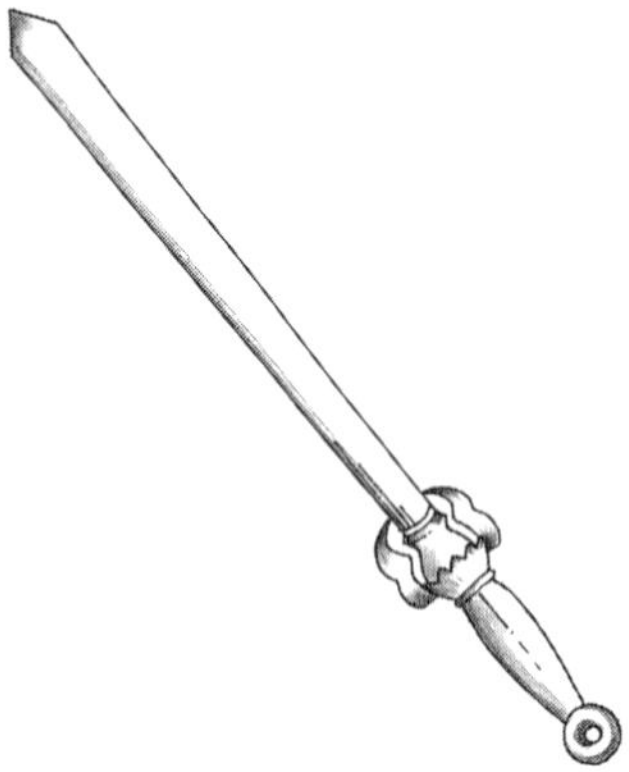

▲剣

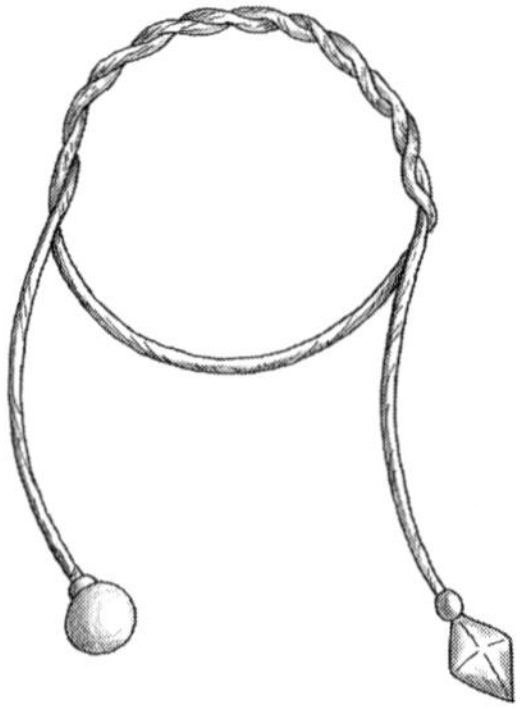

▲羂索

を持つ。また、有名な東大寺法華堂の執金剛神《しゅこんごうしん》は文字どおり「金剛杵を持つ者」という意味で、独鈷杵を持つ。また、弘法大師像は五鈷杵を持つことで知られている。

◆法輪《ほうりん》、薬壺《やつこ》、琵琶《びわ》

六臂《ろっぴ》（六本の手を持つ）の如意輪観音《にょいりんかんのん》が後方に突き上げた、左手の人差し指の上に法輪という持物が載っている。これは釈迦の教えを戦車の車輪にたとえたものだ。無敵の戦車が次々に敵を駆逐していくように、仏教の教えが世の中のすべての人を教え諭すことを意味している。仏教の象徴として重視され、他の仏像にも見られる。

また、薬師如来は薬壺というものを持っている。これには万病を治す薬が入っていて、いくら使っても減ることがないという。薬師如来のトレードマークになっている。如来像の中で持物を有するのは薬師如来だけである。

このほか、鬼子母神《きしもじん》は石榴《ざくろ》（注41）、弁才天《べんざいてん》は琵琶を持つことでよく知られている。つまり、安産、子育ての守護神の鬼子母神は、多産の象徴として実のいっぱい詰まった石榴を持ち、もともと音楽の神だった弁才天は楽器を手にしているのだ。

▲琵琶

▲法輪

注41　人を殺して、その肉を食らうという罪を重ねていた鬼子母神は、釈迦に諭されてその悪習を止めた。そのとき、釈迦が石榴を渡して、それを代わりに食べるようにと言ったという。一説に石榴は人間の肉の味がするという。釈迦は長年の習慣を断ち切った者の心情を推し測って、代替のものを用意したのだ。

# 仏像はなぜさまざまな印相《いんぞう》をしているのか

仏像は実にさまざまな手つきをしているが、これを印《いん》（印相、印契《いんげい》）と呼んでいる。印の種類はきわめて多く、一つ一つに意味があり、これが仏像の種類を見分けるポイントになることも多い。

◆基本の印

基本となるのは「釈迦の五印《ごいん》」と呼ばれるもので、生前の釈迦の身振り（ジェスチュア）に由来するものだ。まず、釈迦は三十五歳のときに菩提樹《ぼだいじゅ》の下で悟りを開いたが、このときの印を「定印《じょういん》」という。両手を下腹部のあたりで静かに重ねた、座禅のときの手の組み方で、深い瞑想に入っていることを意味している。

次に、右手のたなごころを手前に向けて肩のあたりに挙げ、左手は同じくたなごころを手前に向けて下に垂らした仏像をよく見かける。前者を「施無畏印《せむいいん》」といって、説法を聞く人々の畏れを取り除く身振り、後者は「与願印《よがんいん》」といって、欲しいものは何でも与えるということを表わしたものである。

また、釈迦は悟りを開いた後に、鹿野苑《ろくやおん》というところで、最初の説法をした。このときの姿をとらえたのが「説法印《せっぽういん》」と呼ばれるもので、話をするときのジェスチュアだ。さらに、釈迦が悟りを開こうとしているときに、悪魔がやってきて邪魔をした。そのとき釈迦が定印を解いて、右手の人差し指を地につけると、地の神が釈迦に加勢して悪魔は退散したという。この一瞬をとらえたものを「降魔印《ごうまいん》（悪魔を降伏させた印）」という。

以上が釈迦の五印だが、降魔印以外の四つは釈迦如来を除く仏像にも共通して見られ、印の基本形になる（注42）。

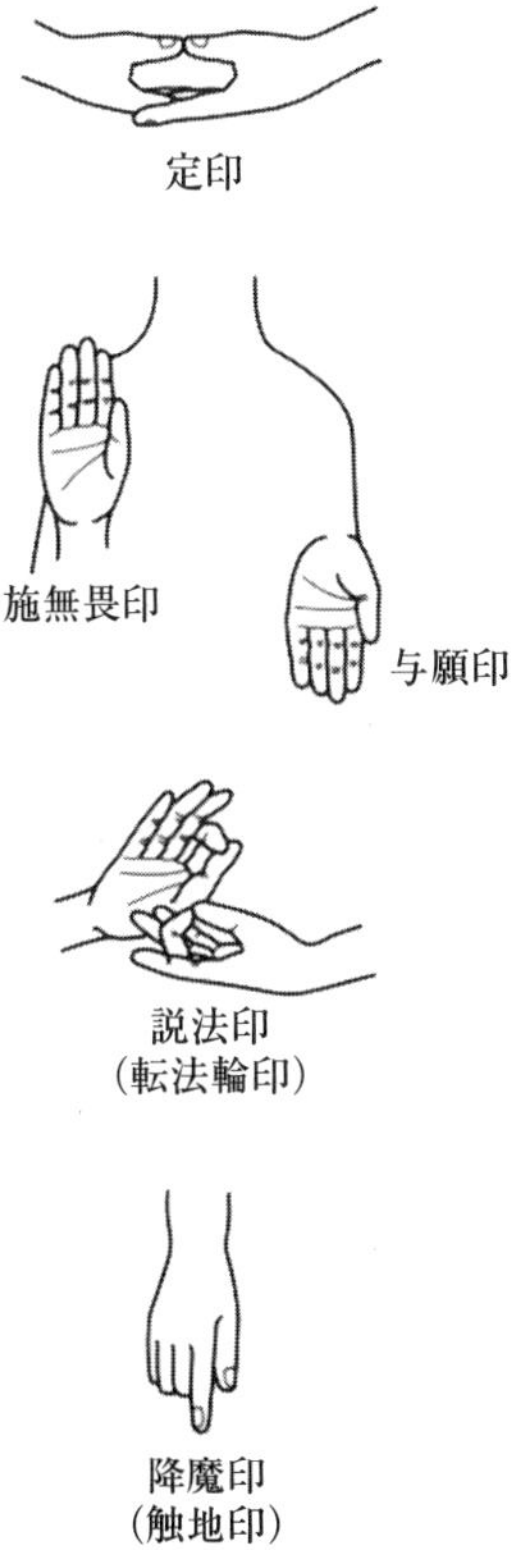


▲釈迦の五印

注42　降魔印の釈迦如来像はタイなどの東南アジア諸国には少なくないが、日本ではあまり見られない。日本では阿閦《あしゅく》如来がこの印をとる。東寺（京都）の講堂に安置された諸仏のうち、大日如来の右後方の阿閦如来が代表例。

## ◆阿弥陀如来の印

阿弥陀如来は、親指と人差し指、中指、薬指のいずれかで輪を作っているものが多い。これは阿弥陀如来が臨終に際した人を、極楽浄土に迎えに来る（来迎《らいごう》）ときに表わすといわれるものだ。「来迎印」と呼ばれている。定印、施無畏印あるいは与願印、

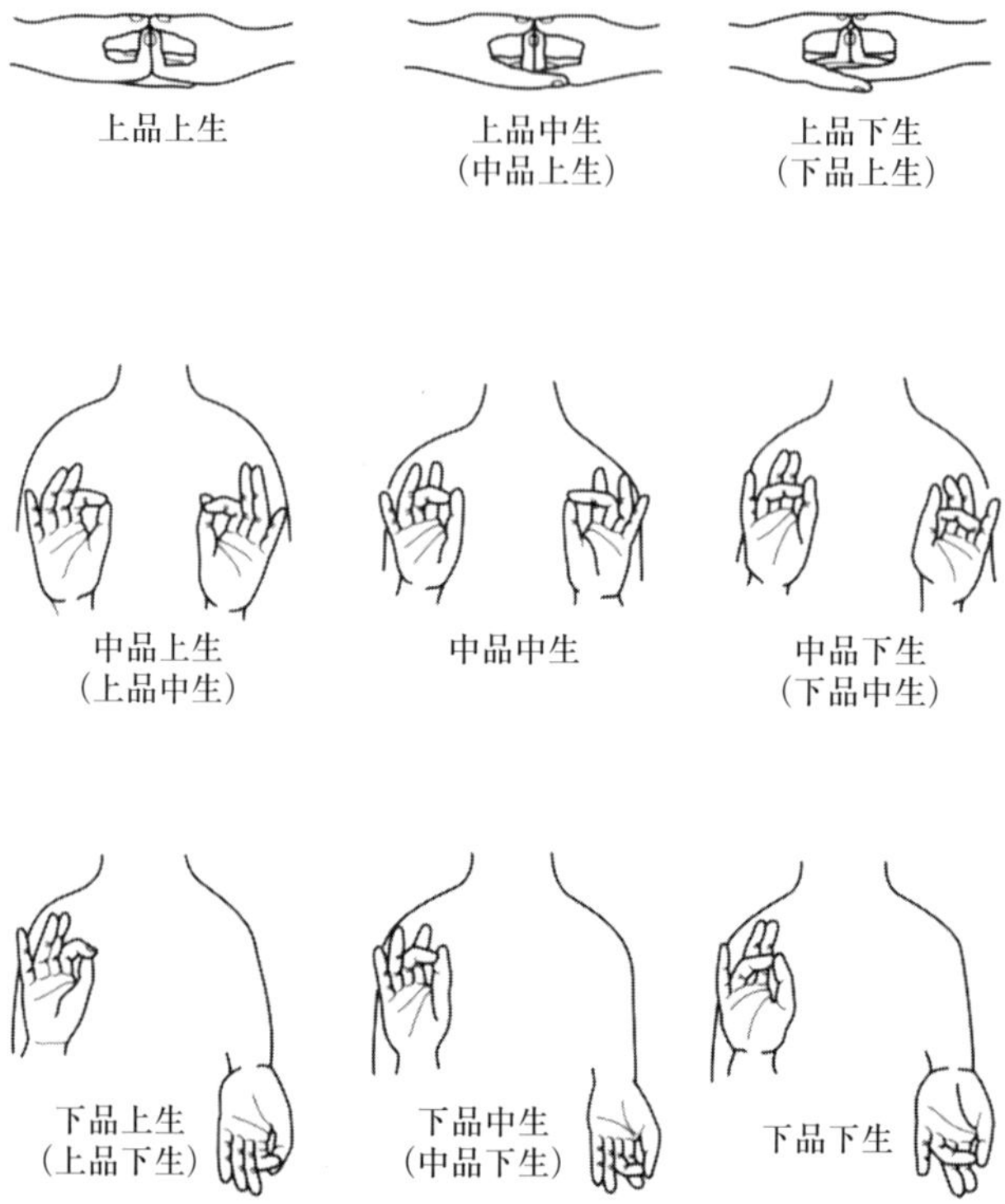


▲阿弥陀如来の九品来迎印

説法印の三種の印を基本にして、両手の親指と、人差し指、中指、薬指のいずれかの指で輪を作ると、都合九種類の印ができる。阿弥陀如来は極楽往生を願う人の信仰の深さや能力などによって、その人の臨終に際していずれかの印をとって現われるといわれている（注43）。

### ◆大日如来と薬師如来の印

さらに密教では、印は単なる身振りではなく、仏の深遠な悟りを表わすものとして重視され、形も複雑になった。密教の教主である大日如来は、異なった印を組む胎蔵《たいぞう》界《かい》と金剛界《こんごうかい》の二つの像が造られる。

前者は定印と同じ形だが、これをとくに「法界《ほっかい》定印」といい、とくべつ深い瞑想に

法界定印

智拳印

薬師三界印

▲大日如来と薬師如来の印

注43　仏教では、人間をその能力や信仰の度合いによって、上《じょう》品《ぼん》、中品《ちゅうぼん》、下品《げぼん》の三段階に分け、さらにそれぞれを上生《じょうしょう》、中《ちゅう》生《しょう》、下生《げしょう》に分け、合計九つの段階に分ける。阿弥陀如来は、この九段階に応じた救い方をするといわれている。ちなみに、上《じょう》品《ひん》とか下品《げひん》という言葉は、ここから来ている。

入っていることを表わす。また、後者は「智拳印《ちけんいん》」という忍者が術を使うときのような手つきをしている。左の人差し指を立て、右手でその指を握ったものだ。これは金剛界大日如来に特有の印で、悟りの智慧を表わしているといわれている（本章一〇九ページを参照）。

また、薬師如来には「薬師三界印《さんがいいん》」という特有の印を組むものがある。これは右手の親指と人差し指を曲げて輪を作り、人差し指で何かを弾くような形にしたものだ。その形から「弾指《だんし》」と呼ばれている。左手は与願印のようにして薬壺を持つ。ただし、右手はふつうの施無畏印に組んだものも多い。

ところで、薬師如来のうち、奈良時代以前に造られた古い像には、トレードマークの薬壺を持っていないものが少なくない。薬師寺の薬師如来座像（国宝）などが代表的な例である。そして、釈迦如来や薬師如来、阿弥陀如来などの如来像は、「如来の通相《つうそう》」といって、どれもほぼ同じ姿に造られる。したがって薬壺を持っていないと、釈迦如来なのか薬師如来なのか区別がつかない。この場合は薬師三界印が見分け方の決め手となる。

◆明王の印

密教が生み出した明王には特殊な印を組むものが多い。それぞれの印は、煩悩を徹底的に破壊するための、強い意志を表わしたものといわれている。

たとえば、降三世明王《ごうさんぜみょうおう》は両手の小指を絡めて胸前で交差させた、「降三世印」という特殊な印を組んでいる。軍荼利《ぐんだり》明王は両手の親指で小指を押え、他の三本の指を立てて、胸前で両肩を押えるようにしてX型に交差させている。この軍荼利明王の印を「跋折羅印《ばさらいん》」という。跋折羅というのは、サンスクリット語のヴァジュラの音写で、金剛杵のこと（本章九四ページを参照）。

また、大威徳《だいいとく》明王は両手の中指だけを立て、他の指は曲げて内側で絡ませて合掌する。これを「檀荼印《だんだいん》」といい、大威徳明王に特有の印である。大元帥《だいげんすい》明王は親指で中指と薬指の第二関節あたりを押え、人差し指と小指を立てている。大元帥明王に独特の印で、「大怒印《だいどいん》」と呼ばれている。ただし、大元帥明王には四臂《しひ》（手が四本の）像、六臂《ろっぴ》像、八臂《はっぴ》像などさまざまな姿がある。このうち、大怒印をとるのは四臂像である。さらに、馬頭《ばとう》明王（馬頭観音と同体）は中指と小指を立て、他の指を曲げて内側に隠して合掌した「馬口印《ばこういん》」という特殊な印を結んでいる。

このほか、われわれが神仏を拝むときの合掌も立派な印の一つだ。「合掌印《がっしょういん》」と呼ばれる。釈迦三尊像の脇侍《わきじ》として従う普賢菩薩《ふげんぼさつ》（注44）や、不動明王が眷属《けんぞく》として伴う矜羯羅《こんがら》童子《どうじ》などの像に合掌印をとるものが見られる。また、大元帥明王の中にも何本かある手のうちの二手を合掌した像も見られ、千手観音はたくさんの手のうち、中央の二手は必ず合掌印にする。

注44　ただし、普賢菩薩には施無畏印、与願印に組んで、蓮華を持つものも多い。

# 如来《にょらい》像を見分ける要点とは？

如来は釈迦が出家した後の姿をモデルにしているから、一枚の衣をまとっただけで、装身具や持物《じもつ》はいっさい身につけていない。「如来の通相《つうそう》」といって、すべての如来がほとんど同じ姿に造られる。これでは見分けがつきにくい。だが、見分け方のポイントがいくつかある。

薬師如来は薬壺という万病を治す薬の入った小さな壺を持ち、阿弥陀如来は親指と人差し指、中指、薬指のいずれかで輪を作った来迎印という印を組んでいることから、その種類を判別することができる。

また三尊像の場合は、中尊の如来に従う脇侍の菩薩が決まっているから、これが如来の種類を見分ける手がかりになる。釈迦如来は文殊《もんじゅ》菩薩と普賢《ふげん》菩薩、阿弥陀如来は観音菩薩と勢至《せいし》菩薩、薬師如来は日光《にっこう》菩薩と月光《がっこう》菩薩が脇侍として従う（注45）。

文殊菩薩は獅子、普賢菩薩は象に乗る。日光菩薩は上に日輪《にちりん》（太陽）を載せた蓮の花を、月光菩薩は月輪《がつりん》（三日月）を載せた蓮の花を持つ。観音菩薩は頭頂の宝冠《ほうかん》に阿弥陀如来の化仏《けぶつ》（小さな仏像）を、勢至菩薩は宝冠に水瓶《すいびょう》をつけている。

注45　平安時代以降は如来と脇侍の菩薩の組み合わせが定着したが、古いものでは必ずしも一定しない。たとえば、法隆寺の本尊の釈迦如来の脇侍は薬王《やくおう》菩薩、薬上《やくじょう》菩薩というものだ。

# 如来と菩薩《ぼさつ》はどちらが上位なのか

如来とは完全な悟りを開き、完全な人格を備えた人という意味である。つまり、悟りを開くための修行を完璧に終了した人なのだ。これに対して、もともと釈迦の修行時代の呼び名だった菩薩は、文字どおり未だ修行中の身である。菩薩のことを正しくは菩提薩埵《ぼだいさった》というが、菩提は「悟り」、薩埵は「衆生《しゅじょう》」の意味。つまり、「悟りを求める衆生」というのが原義だ。

大乗仏教では、すべての人が釈迦と同じ悟りの境地に至る可能性を持っていると考える。だから、仏教の教えを信じ、それに従って悟りを求める者は誰でも菩薩なのである。しかし、仏像に表わされている観音菩薩や文殊菩薩などと、われわれ凡夫《ぼんぷ》（ふつうの人間）との間には大きな違いがある。

つまり、われわれ凡夫が悟りの境地に至るのは遠い未来のこと。おそらく、数十億年とか数百億年先のことなのだ。その間に何回となく、生まれ変わって善行《ぜんぎょう》（よい行ない）を重ね、功徳《くどく》（将来、善い結果をもたらす行ない）を積むことによって、悟りを得ることができるのである。

これに対して、観音菩薩や文殊菩薩などは、次に生まれ変わったときには悟りを開いて如来（仏）となることが決定しているのだ。たとえば、弥勒《みろく》菩薩は五十六億七千万年後に悟りを開くことが約束されている。このような菩薩を「一生補処《いっしょうふしょ》の菩薩」といって、最高の位にいる菩薩なのである。仏像に造られて、われわれに信仰され、親しまれている菩薩は、みな一生補処の菩薩なのだ。

このような菩薩たちは、多少の修行を残して、あえてこの世に留まっているといわれている。多少の修行というのは、如来に従って衆生救済の手伝いをすることである。つまり、如来の補佐役を務め、その有能なアシスタントとして活躍するのが菩薩なのだ。釈迦三尊像や阿弥陀三尊像で二人の菩薩が如来に従い、しかも菩薩よりも如来の方が大きく造られるのは、そのためである。如来が菩薩に従う三尊像などは、どこにもないのである。

会社でいえば、如来は社長、菩薩は重役ということになり、その地位は如来の方が上なのだ。ただし、中には単独で衆生救済に乗り出す菩薩も少なくない。とりわけ、観音菩薩や地蔵菩薩（注46）などは、娑婆《しゃば》世界（われわれ人間が住む世界）を東奔西走して、われわれに救いの手を差し伸べ、願いを聞いてくれるのである。

注46　釈迦が亡くなってから、56億7000万年後に弥勒菩薩が悟りを開いて仏（如来）となるまでの間、われわれの住む娑婆世界には仏がいない。この期間を無仏《むぶつ》の時代といい、末法の世（闇黒の世の中）が訪れるとされた。この無仏の時代を護るように命じられたのが地蔵菩薩である。

# 不動明王《ふどうみょうおう》が怖い顔をしている理由

不動明王をはじめとする明王は、実に恐ろしい顔をしている。大きな目を見開き、牙をむき出して、燃え盛る火焔の光背を背負っている。その姿はまさに見るものを戦慄させ、絶句させる。なぜ、明王はそれほどまでに恐ろしい姿に造られるのだろうか。

明王は七世紀にインドで成立した密教が生み出したものだ。もともとヒンドゥー教で信仰されていたインドの神々だった。密教では大日如来を宇宙の根元とし、釈迦如来をはじめとするすべての仏・菩薩・明王・天は大日如来の化身と考える。

そして、大日如来の化身は、教えを受けるものの性質や能力によって三通りの現われ方をすると考えるのである。すなわち、自性輪身《じしょうりんじん》、正法輪身《しょうぼうりんじん》、教令輪身《きょうれいりんじん》の三通りで、これを「三輪身」という。

自性輪身は大日如来や釈迦如来のよう

▲不動明王（東京国立博物館所蔵）

に如来（仏）そのものの姿。正法輪身は正法（仏教の正しい教え）を伝えて衆生を教化するために現わした菩薩の姿。そして、教令輪身は恐ろしい忿怒《ふんぬ》（怒り）の表情を表わした明王の姿である。

世の中には如来や菩薩のように、やさしい慈悲の表情で教えを説いても、容易に言うことを聞かない強い煩悩《ぼんのう》（迷い）を持った人間がいる。そういう人たちを、凄まじい忿怒の表情で有無を言わさず教え導くのが、教令輪身の明王なのだ。教令というのは、「あらゆる衆生を教え導け」という大日如来の至上命令である。つまり、仏教の教えに従って、正しい生き方をするように教え導くということだ。明王はこの命令に従って、導きがたい難物を強引に屈服させるのだ。

しかも、明王はひとたび大日如来の命令を受けると、その任務を完璧に遂行する。そして、そのような困難な任務を遂行するために、世にも恐ろしい姿をして、さまざまな武器を手に持っているのだ。

ただし、明王はひとたび、言うことを聞いて仏教の教えに従って修行に励む者には、幼児のように素直に従うという。

不動明王の姿をよく見ると、恐ろしい顔とは対照的に、子供のような丸みを帯びた体つきをしている。これは、仏教に帰依して、修行に専念する者には幼ない子供のような純真な心で仕えることを表わしたものだ（注47）。

注47　不動明王は、とりわけ山にこもって厳しい修行をする行者には、彼らの残りものを食べながら骨身を惜しまずに世話をすると信じられている。このことから、不動明王は山伏の間で盛んに信仰された。山伏が修行する各地の滝に、「不動の滝」などという名があるのはそのためである。

# 宗派によって本尊はどう違うのか

日本には十三宗五十六派といわれるほど多くの宗派がある（第１章二二ページを参照）。そして、それぞれの寺院にまつられる本尊仏は、宗派によって異なるのだ。

まず天台宗では、一般に釈迦如来を本尊とする。伝教大師最澄が『法華経』や密教、禅など、すべての仏教の教えを融合して天台宗を開いたため、仏教の根本である釈迦如来を重視するのである。

次に真言宗では、ふつうは大日如来が本尊としてまつられる。これは弘法大師空海が密教の教えに基づいて真言宗を開いたため、密教の教主としての大日如来が重視されるからだ。また、真言宗では同じく密教で誕生した不動明王を本尊とするところも多い。

浄土宗や浄土真宗、時宗《じしゅう》では阿弥陀如来を本尊とする。これらの宗派は阿弥陀如来の極楽浄土に往生することを願うため、極楽浄土の主である阿弥陀如来を最も重視するのだ。また、東本願寺や西本願寺などの浄土真宗の大本山では、浄土真宗の開祖、親鸞上人の像を祖師堂の本尊とする。

さらに、禅宗（臨済宗、曹洞宗、黄檗宗《おうばく》）では釈迦如来がまつられる。禅宗の修行者はみな、釈迦の弟子を標榜し、釈迦を理想として修行するためだ。そして、座禅によって悟りを開くことを目標にするため、釈迦が菩提樹《ぼだいじゅ》の下で座禅を組んで悟りを開いたときの姿をモデルにした、定印《じょういん》（本章九六ページを参照）の釈迦如来座像をまつる。

日蓮宗では釈迦如来、あるいは十界曼荼羅《じっかいまんだら》が本尊となる。日蓮宗は日蓮が『法華経』を最高の教えとして開いた宗派だ。そのため、『法華経』の教主である釈迦を本尊とする。また、十界曼荼羅は日蓮が佐渡に流されたときに感得したといわれる。中央に大きく「南無妙法蓮華経」の題目《だいもく》（注48）を書き、周囲に諸仏の名前を墨書したもの。この前には日蓮聖人の座像がまつられる。

ただし、このような宗派と本尊の関係は絶対的なものではなく、お寺によって異なることがある。というのは、長い歴史の中で改宗《かいしゅう》（宗派を変えること）した寺院が多く、一般に、改宗しても本尊は変えない場合が多いからだ。

たとえば、伊豆の修善寺《しゅぜんじ》は、もとは真言宗の寺院だったが、鎌倉時代に曹洞宗に改宗した。このため、禅宗寺院でありながら、本尊は大日如来だ。そのような例は、ほかにもたくさんある。

このほか、西国三十三箇所などの観音霊場では、宗派に関係なく、観音菩薩が本尊とされる。さらに、地蔵菩薩や虚空蔵《こくうぞう》菩薩を本尊とする寺院もある。

注48　日蓮聖人は「妙法蓮華経《みょうほうれんげきょう》」（『法華経』の正式名称）を五字、「南無妙法蓮華経」を七字の題目と称して重視した。日蓮によれば、これらは単なる経典の題名などではなく、『法華経』の真理を凝縮したものだという。ちなみに、「南無〜」は「〜に帰命《きみょう》する」という意味。つまり、身命を捧げて仏・菩薩に帰依するという意味である。

# 大日如来にはなぜ二体の異なる姿があるのか

大日如来は密教が生み出した仏で、宇宙そのものを神格化したような偉大な如来である。すべての仏・菩薩をはじめとするあらゆる存在現象（森羅万象《しんらばんしょう》）は大日如来から生まれ、大日如来に帰っていくと考えられている。したがって密教では、われわれ人間も大日如来から生まれ、大日如来の悟りの世界に帰っていくと考えられているのである（第１章二三ページを参照）。

その大日如来には、智拳印《ちけんいん》という印を組む金剛界《こんごうかい》大日如来と、法界定印《ほっかいじょういん》と呼ばれる印を組む胎蔵界《たいぞうかい》大日如来との二体がある。この二体は大日如来を二つの別の側面からとらえたものである。

金剛界大日如来は、この如来を智慧の面からとらえたもので、大日如来がその深遠な智慧を働かせて、森羅万象を絶え間なく生み出すことを表わしている。いっぽう、胎蔵界大日如来は、慈悲の面からとらえたもので、森羅万象が母親の胎内のような大日如来の懐（胎）に、やさしく包まれていることを表わしたものだ。

つまり、金剛界は宇宙のあらゆるものを創り出すエネルギーを、胎蔵界は万物の根元を表わしたものである。この両者がそろってはじめて、密教の世界観が成立する。それで、二体の大日如来が造られるのである。自動車はエンジンをかけることによって、はじめて動き出す。卑近な例をとれば、胎蔵界大日如来は自動車、金剛界大日如来はエンジンにたとえることができる。

また、曼荼羅《まんだら》（注49）には金剛界曼荼羅と胎蔵界曼荼羅がある。前者は金剛界大日如来を、後者は胎蔵界大日如来を中心に、あらゆる仏、菩薩、明王、天などが回りを取り囲んでいる。曼荼羅も、この二つがそろってはじめて完成する。

▲金剛界大日如来

注49　密教の世界観を表わしたもので、大日如来を中心に多くの仏、菩薩、明王、天などが描かれる。われわれを取り巻く宇宙のすべてが表わされているという、一種の絵解きである。

# 観音菩薩がいろいろな姿に造られる訳

千手観音や十一面観音など、観音菩薩には実にさまざまな姿のものがある。観音菩薩は正式には、「観世音菩薩《かんぜおん》」または「観自在菩薩《かんじざい》」という（注50）。前者は世の中の人々が救いを求める声（音）を漏らさず聴きとって救済するという意味。後者は自由自在に救済するという意味である。つまり、観音菩薩はどんな願いごとにも機敏に対処して、衆生を救ってくれる頼もしい存在なのだ。

観音菩薩の基本形は、一面二臂《いちめんにひ》（顔が一つ、手が二本）の聖観音《しょうかんのん》である。これが最初に現われたもので、観音菩薩の原型になる。しかし、聖観音がいくら美しい姿をしていても、具体的な救済の手段がよく分からない。そこで考え出されたのが、十一面《じゅういちめん》観音《かんのん》や千手観音《せんじゅかんのん》などの変化《へんげ》観音といわれるものだ。

十一面観音は顔を十方に向けて衆生をよく観察し、自在に救済する。また千手観音は、正しくは千手千眼観自在《せんじゅせんげんかんじざい》菩薩といい、千本の手と千個の眼を持つ。千本の手の一本一本に刻まれた千個の眼で衆生を観察し、千本の手で自在に救う。救済する相手の能力や境遇などに合わせて、さまざまな姿に変身するのが観音菩薩の特技である。

注50　観世音菩薩の方が一般的だが、訳語としては観自在菩薩の方が新しい。後者は七世紀に三蔵法師でお馴染みの玄奘三蔵《げんじょうさんぞう》が訳したもの。「観自在菩薩、行深般若波羅蜜多時……」。『般若心経』の冒頭に出てくることでよく知られている。

# 「三十三体観音」が意味するものは？

『法華経』の「観世音菩薩普門品《ふもんぼん》」（通称『観音経《かんのんきょう》』）には、観音菩薩が三十三の変化《へんげ》身《しん》となって現われると説かれている。三十三の変化身には仏（如来）、菩薩、諸天（神々）、人間、夜叉《やしゃ》などさまざまな姿があるという。

あるときは仏や菩薩の慈悲に満ちた姿で、あるときは明王や夜叉の姿で、また、あるときはふつうの人間の姿で現われる。つまり、観音菩薩が時と場合に応じて変身し、あらゆる願いごとを聞き届けてくれることを具体的に述べているのだ。

そして、『観音経』の三十三の変化身にちなんださまざまな姿の観音像が、中国で盛んに造られるようになり、日本にも伝えられた。いわゆる「三十三体観音」である。楊柳《ようりゅう》観音や水月《すいげつ》観音、白衣《びゃくえ》観音など三十三の変化身が述べられ、その中のいくつかは彫塑《ちょうそ》像や画像に表わされて、人々に親しまれている。

中でも民間で盛んに信仰され、絶大な人気を博したのが白衣観音だ。水墨画などに好んで描かれたほか、大船《おおふな》（神奈川県）の観音や東京湾観音（千葉県）など、高さ十数メートルから数十メートルに及ぶ大観音も、この姿に造られたものが多い。

注51　シヴァ神はもともと、モンスーン（暴風雨）の凄まじいエネルギーを神格化したものである。そして、それが通り過ぎたあとに再び植物などが芽を出してくる生命力を救済の力と見なした。このことから、シヴァ神には破壊と救済という矛盾する二つの性格がある。観音菩薩はその救済の性格を受け継いだものである。

白衣は文字どおり、白い衣のこと。インドでは出家《しゅっけ》の僧侶が着る黄色い衣に対して、白は在家《ざいけ》（俗人）の着る衣の色である。つまり、白衣観音はわれわれにより親しみやすい俗人の姿をとって現われ、人々を救うことから、人気を集めたのである。

また、後世、「三十三観音霊場」というものが各地に作られ、多くの人々に信仰されてきた。これも三十三変化身、三十三体観音にちなんで作られたものであることはいうまでもない。西国《さいごく》、坂東《ばんどう》、秩父《ちちぶ》の霊場が早くに成立して有名である。秩父だけが三十四ケ所になっているのは、三つの霊場をあわせて百にするためだ。これらを総称して「百観音」と呼んでいる。このほか、全国各地に多くの三十三観音霊場が点在する。さらに京都の三十三間堂《さんじゅうさんげんどう》（蓮華王院《れんげおういん》）も三十三体観音に基づいたものである。本尊の千手観音を中心に合計千一体の観音菩薩が並ぶ。

最後に、観音菩薩はヒンドゥー教の最高神であるシヴァ神の性格を受け継いでいるといわれている（注51）。そして、シヴァ神が三十三の変化身を現わすことから、観音菩薩も同じく三十三の変化身を示すとされたのである。ただし、三十三は実数ではなく、無限を意味すると考えられている。

▲白衣観音

# コラム⑦ 平将門《たいらのまさかど》の乱と「成田不動」の縁起

千葉県の成田山新勝寺《しんしょうじ》の本尊、不動明王は関東三大不動の一つとして古くから信仰を集めている。その信仰は現在でも根強く、初詣には数百万人が押しかけるという盛況振りだ。この不動明王、実は意外な経歴の持ち主なのである。

平安中期の武将、平将門は摂政《せっしょう》（天皇に代わって政治を行なう者）の位を望んだが果たせず、関東に赴いた。当時の関東といえば、都から遠く離れた辺境の地。そんなところにいたのでは、とうてい出世は望めない。

腹の虫が納まらない将門は、しきりに近隣の武将を攻めて服従させ、ついには強大な権力を持つに至った。そして、天慶《てんぎょう》二年（九三九）には、下総国《しもうさ》（千葉県）に皇居を模した宮殿を建て、ここに文武百官《ぶんぶひゃっかん》を置いて、自ら天皇を名乗ったのである。

この公然たる謀反に朝廷が兵を挙げ、常陸《ひたち》、下総を中心に大規模な戦いとなった。これが有名な平将門の乱である。このとき、官軍の軍勢とともに関東に赴いたのが、京都の神護寺《じんごじ》にまつられていた不動明王だった。古くからその霊験《れいげん》が知られていた不動明王を、前線に立てて戦勝を祈願したのである。かつては、国家の一大事に際して、仏像も実際に現地まで赴いたのである。

そして、翌年には乱が収まったので、天皇はその霊験をたたえて寺を建立させ、神護寺の不動明王をまつった。これが成田山新勝寺の起源である。

ちなみに、江戸時代には、江戸・深川で成田山の不動明王の出開帳《でかいちょう》（出張の御開帳）が行なわれ、多くの人々がその御利益にあずかろうと集まったという。以降、成田山の信仰はさらに盛んになった。

# コラム⑧「五百羅漢《ごひやくらかん》」はなぜ五百人なのか

羅漢とは阿羅漢《あらかん》の略で、尊敬を受けるに値する人という意味。修行僧の最高の地位にある人だ。十六《じゅうろく》羅漢、五百羅漢など複数で表わされることが多いが、中でもさまざまな風貌や姿勢をした五百羅漢は、われわれに親しまれている。それにしても、なぜ五百人もの羅漢がいるのだろうか。

紀元前五世紀、釈迦が亡くなった直後に「結集《けつじゅう》」という経典の編纂《へんさん》会議が開かれた。三十五歳で悟りを開いた釈迦は、八十歳で亡くなるまでの四十五年間に八万四千《はちまんしせん》の法門《ほうもん》（教え）といわれるほど、膨大な数の教えを説いた。そして、その教えを弟子たちが聞いて、記憶していた。しかし、教えが伝わるうちに間違いが起こり、誤解を生む可能性がある。すでに、釈迦が亡くなるころには、そういうケースがあったのだ。

釈迦が生きているうちは、教えを説いた本人に直接たしかめて、間違いを正すことができる。しかし、釈迦が亡くなった後にはそれも叶わなくなる。そうなっては、将来、釈迦の教えがどんどん曲解されて、

▲五百羅漢

仏教の基盤を揺るがす事態にもなりかねない。そのことを憂慮した弟子たちが、仏滅後（釈迦が亡くなったあと）ただちに集まって相談し、経典の編纂会議を開いて、釈迦の教えの決定版を作ることにしたのである。

この経典の編纂会議を結集といい、二世紀ごろまでに四回開かれたと伝えられている。そして、仏滅後、すぐに行なわれたものを第一結集といい、十大弟子《でし》（釈迦の十人の高弟）が中心となって催された。この第一結集にはインド各地から五百人の修行僧が集まったといい、これを別名「五百結集」ともいう。

五百羅漢は、このときに集まった修行僧たちをモデルにしたといわれている。五百羅漢はもともとインド人をモデルにしている。だが、中国で造られたために、風貌や衣などは中国風である。また、五百羅漢は一人ずつ風貌や姿勢、衣などが違う。これはインド各地からさまざまな性格や境遇の修行僧が集まったことを表わしている。この五百人を丹念に見ていくと、必ず誰かにそっくりな像があるといわれている。

中国には一七世紀に造られた「五百羅漢名号碑《みょうごうひ》」なるものがある。それには、五百羅漢の一人一人の尊名《そんめい》（名前）が列挙されている。そのほか、五百羅漢をまつることで有名な寺もある。日本でも福井の永平寺《えいへいじ》や埼玉・川越《かわごえ》の喜多院《きたいん》など、五百羅漢をまつる寺は少なくない。

ちなみに、羅漢の数は必ずしも五百体とは限らない。たとえば喜多院の五百羅漢は五百三十五体、東京・目黒の五百羅漢寺のものは三百五体である。

# 第5章

# 寺院の本堂は華麗なワンダーワールド

# 本堂内の見どころとは？

寺院の本堂は仏国土《ぶっこくど》（注52）を再現したものだ。したがって、その世界を彷彿《ほうふつ》させるようなさまざまな演出がなされている。堂内の華やかな装飾のことを荘厳《しょうごん》という。インドの初期の寺院では、それほど華美な荘厳はなかったようだ。しかし、仏教が中国、日本へと伝わるうちに、しだいに豪華になっていった。

仏の住まいにふさわしい飾り付けをするのが荘厳の基本だ。人がその人の住むのにふさわしく部屋を飾るのと同じである。堂内の荘厳は宗派によっても異なる。仏像の頭上に差し掛ける天蓋《てんがい》や、ここが仏の住まいであることを示す幡《ばん》などは、荘厳の必需品としてどこの寺院でも見られる。また、仏前に供えられる花も荘厳の一つで、木製の蓮の花などに金粉を塗った造花も古くから用いられている。

このほか、季節によって特別の荘厳をすることもある。たとえば、施餓鬼《せがき》のときには施餓鬼棚というものをしつらえて、餓鬼（食べ物のない世界をさまよう亡者）を供養する。四月八日の花祭のときには花御堂《はなみどう》というミニチュアのお堂を花で飾り、誕生仏に甘茶をかけて供養する。

注52　浄土とも呼ばれる。たとえば、阿弥陀如来の西方極楽浄土《さいほうごくらくじょうど》、薬師如来の東方浄瑠璃《とうほうじょうるり》世界などが仏国土だ。

# 須弥壇《しゅみだん》はなぜ世界の中心なのか

本堂の中央にあって、本尊を安置してある台を須弥壇という。これは世界の中心にそびえる須弥山《しゅみせん》という山をかたどったものだといわれている。

仏教の世界観によれば、須弥山は世界の中心にそびえる上方が太くなった円錐形の山で、その回りを七つの円形の山が取り囲み、それぞれの山の間に七つの海がある。内側の七つの海には功徳水《くどくすい》（功徳のある香水）がたたえられ、いちばん外側には鹹水《かんすい》海《かい》という塩水をたたえた海がある。その鹹水海には四洲《ししゅう》（四つの島）があって、そのうちの一つにわれわれ人間が住んでいるという。

須弥山は高さ八万由旬《ゆじゅん》（一由旬は一四・四キロメートルともいう）の中腹から四層に分かれ、四天王《してんのう》をはじめとする神々の世界があり、頂上に帝釈天《たいしゃくてん》が住む忉利天《とうりてん》がある。さらにその上に大梵天《だいぼんてん》や大自在天《だいじざいてん》の住む世界があり、そのはるか上方に釈迦（仏）が住む悟りの世界があると考えられている。

そして、仏像を安置する壇が須弥山をかたどって造られたのは、次のような伝説によると考えられている。

ある年、釈迦はこっそり忉利天に昇り、亡き母親に説法をしてひと夏を過ごした。このとき、優《う》塡王《でんのう》という王が、釈迦の姿が見えなくなったことを嘆き、ついに病床に伏せってしまった。これを心配した臣下が釈迦の等身大の像を造って、王に拝むように勧めた。そして王が熱心にこの仏像を拝んだところ、病気は治ったというのである。

このとき造られた釈迦の像が、仏像の起源であるといわれる。これは優塡王思慕《しぼ》像《ぞう》と呼ばれ、日本の清凉寺《せいりょうじ》（京都）などにも、それを模して造ったという像が伝えられている。そして、その像は須弥山の頂上の忉利天にいる釈迦と生き写しに造られたため、以降、仏像は須弥山をかたどった須弥壇に安置されるようになったというのである。もちろん、これは伝説で、実際に仏像が造られたのは、紀元一世紀の後半のことである。

また、仏教では須弥山を中心とする世界を、一人の仏（如来）が治める仏国土と考える。寺院は仏像を中心とした仏国土を表わす空間だから、その中心になる本堂の中央には、須弥山をかたどった須弥壇の上にご本尊を安置するのである（注53）。

▲須弥壇

注53　仏教の世界観では、須弥山は中腹から何層かに分かれていると考えられている。このため、須弥壇も何層かの段をつけて造られる。禅宗寺院などでは16段にするのが正式な形とされている。

# 天蓋《てんがい》は何のためにあるのか

本堂に吊るされている天蓋は、もともとインドで強い日差しを避けるために用いられた日傘だった。王侯貴族が用いる日傘はとくに豪華に作られ、つねに侍者がこれを差し掛けて従い、天蓋が一つの権威の象徴となった。

これが仏教に取り入れられ、帝釈天《たいしゃくてん》がつねに天蓋を差し掛けて釈迦に従ったという伝説がある。このことから、後には釈迦の姿をモデルにしてできあがった仏像の荘厳（装飾）として用いられるようになったのである。

インドの天蓋はパラソルのようなものだったが、仏像に差し掛けられる天蓋は、方形や六角形、八角形、円形で、天井から吊るすようになった。材質も金属や木が主流になり、さまざまな彫刻や装飾が施される。また、大きな法要などで僧侶に特大の番傘《ばんがさ》が差し掛けられるが、これも天蓋の一種である。

▲天蓋は日傘に由来

# 幡《ばん》や幢《どう》が表わし示すもの

本堂の内陣《ないじん》前面の柱に、上が山形になった細長い板状のものが掲げられているのをよく見かける。これは幡と呼ばれるもので、旗の一種。もともと仏・菩薩の威徳を顕わすために掲げられる、堂内の重要な荘厳具《しょうごんぐ》（装飾品）である。

経典には、幡を作って供養すると功徳があると説かれており、日本でも古く飛鳥時代から盛んに作られていた。その形式は、いちばん上に幡頭《ばんとう》という三角形の部分があり、その下に幡身《ばんしん》という長方形の布をつけ、いちばん下に幡足《ばんそく》と呼ばれる細長い布を数本垂らす。また、幡身の左右にも幡身手《ばんしんしゅ》という細長い布を取りつける。

古くは布で作られたが、しだいに錦織や綾織などの厚手のものになり、刺繡《ししゅう》を施したものや、金属製の薄板に透かし彫りを施した豪華なものが見られるようになった。

現在の幡は、金属製、木製、あるいは樹脂などでできたものが多い。おおむね金色に塗装され、詩句を墨書したものなどが、よく見られる。また、五色（注54）の布や紙で作ったものもある。

幡は、一般に内陣前面の柱に掲げられる。だが、幡はもともと仏・菩薩の威徳を示

注54　青・黄（黄金色）・赤・白・樺《かば》（赤味を帯びた黄色）の5色。青は釈迦の髪の毛、黄は身体、赤は血液、白は歯、樺色は袈裟（衣）の色を表わしているという。これを仏旗という。青・黄・赤・白・緑のものもあり、こちらの方がよく見られる。

すものであるから、寺院のさまざまな場所にも掲げられる。外陣《げじん》に掲げられる外陣幡、庭に掲げられる庭幡、屋根の上に掲げられる屋上幡、さらには天蓋《てんがい》に掲げられる天蓋幡などがある。

また、幡と同じように堂内の荘厳具として使われるものに、幢というものがある。宝幢《ほうどう》、天幢《てんどう》などと呼ばれ、これも旗の一種である。もともとインドの王や将軍の軍旗に起源を持つものだ。

これが仏教に取り入れられて、教えの象徴となった。この幢は、竜頭《りゅうず》や宝珠《ほうじゅ》をつけた竿に吊るして堂内の柱に掲げる。長方形の本体の両側に八～十個ほどの糸房を垂らし、下部には四個の糸房を垂らす。また、本体は布製で、仏像などの刺繍を施したものもある。

天平時代などには、畳何枚分もの大きな幢が作られたことが知られている。東大寺大仏の開眼供養《かいげんくよう》（注55）のときなどは、数十の巨大な幢が伽藍《がらん》の諸所に掲げられたという。また、時代が下って戦国時代には、合戦の際に幟《のぼり》が使われた。これは軍の本営を示すと同時に、敵味方を区別する標識として使われたものである。その起源は幢にある。さらに、祭のときに「祭礼」などと書かれた幟を神社に掲げる。これも、幢を起源とする。ちなみに、サンスクリット語で幡のことをパターカーという。幡という呼び名は、この音に由来するのかもしれない。

注55　東大寺の大仏は747年に鋳造が始められ、752年に完成した。開眼供養は無事完成した大仏に魂を入れる法要で、文武百官が参列して盛大にとり行なわれたと伝えられている。

# 庫裏《くり》の玄関先に提げられた「犍稚《けんち》」とは？

庫裏などの玄関先に、木製の厚板と木槌《きづち》が提げられているのをよく見かける。これを犍稚といい、もともとインドの僧院で、修行僧たちを呼び集めるために使われていたものだ。インドでは木製のものを使ったが、中国、日本と伝えられるうちに、銅製の鐘にかわり、これが梵鐘《ぼんしょう》の起源となる。後世、日本の寺院では梵鐘は境内に置かれて、時を告げたり、除夜の鐘を撞《つ》くために用いられる。木製の犍稚の方は庫裏などの玄関先に吊るされて、訪問者の来訪を告げるための呼び鈴のような役割を果たしている。また、現在でも禅宗の寺院では、修行僧を招集するときに用いられている。

この犍稚について、面白いエピソードが伝えられている。昔、インドに提婆《だいば》（注56）というたいへん優秀な学僧《がくそう》（学問に通じた僧侶）がいた。あるとき、彼がパータリプトラという町にやって来て、一夜の宿を頼もうと僧院の犍稚を鳴らしたが、誰も出てこない。不思議に思った提婆は、通りかかった人にその訳を尋ねた。

すると、通りがかりの者は次のように答えた。かつて、この町の寺院に外道《げどう》（仏教以外の宗教）の者が来て、犍稚を打ち鳴らし、修行僧たちを集めて問答を挑んだ。そ

注56　３世紀に活躍した実在の人物。大乗仏教の奥義に通じており、数々の論敵を打ち破ったという。しかし、そのために怨みを買い、ついには外道によって暗殺された。

して、仏教の僧侶たちはその問答で外道に敗れて大恥をかいた。その苦い経験から、この町の僧院では犍稚を鳴らすことが禁じられている。また、誰かが犍稚を叩いても決して出て行かないのだ。もう犍稚を打ち鳴らさなくなってから十二年にもなる、というのである。

それを聞いた提婆は、そもそも犍稚というものは、打ち鳴らして人を集めるためのものだ。これを使わないで、寺院の入口に掛けておくだけでは何の意味もない。今から犍稚を打ち鳴らして街中の外道を集め、かつて大恥をかかされた僧侶たちに代わって自分が雪辱を果たそうと言った。

そして、提婆が勢いよく犍稚を打ち鳴らすと、議論に自信のある多くの外道が集まってきた。問答に先だって提婆は外道たちと、議論に負けた者は死んで詫びることという誓約を交わした。居並ぶ外道たちは巧みな弁舌を駆使して、さまざまな議論を展開した。提婆はこれらの議論をよく聞き、十日あまりの間に外道の議論をことごとく論破した。この一件以来、犍稚は昔どおりに打ち鳴らされるようになったというのである。

このように、犍稚を鳴らすのも命がけの時代があったのだ。現在では呼び鈴がわりの犍稚である。だが、あまりけたたましく鳴らすと住職の機嫌を損ねて、お目当ての仏像が拝観できないことにもなりかねない。心して打ち鳴らすことが必要である。

## 僧侶専用の椅子――曲彔《きょくろく》の由来

法要のときに僧侶が背もたれと肘掛のついた椅子に座って、お経をあげることがある。この椅子を曲彔といい、僧侶専用の器具である。基本の形は、細い木材を交差させた二つのX形の骨組の上に皮を張ったもの。後世、合戦のときに武将が用いた床几《しょうぎ》と同じ構造の折り畳み式の椅子だ。これに湾曲した背もたれと肘掛をつけたのが曲彔である。また、前面の下部には沓《くつ》（注57）の踏み台がついている。黒塗りか朱塗りが多い。桃山時代以降には金の金具を取り付けたり、蒔絵《まきえ》を施した豪華な曲彔も作られるようになった。

曲彔は禅宗の寺院で好んで使われ、問答や経典の講義をするときなどに老師《ろうし》（古参の位の高い僧侶）が座る。鎌倉時代に、禅宗の寺院は大陸の建築様式をそのまま用いたので、床を石敷きにした。このため、法要や儀式は立礼《りゅうれい》（立ったまま行なう）が中心になり、椅子が必需品となった。そして、しだいに長上の老師が座って威厳を示すものとなったのである。

また、禅宗では頂相《ちんぞう》という老師の肖像画（彫塑像もある）が多く見られる。頂相に

注57　日本では縄文時代から沓が用いられていた。僧侶の沓は大陸から伝わったものだ。初めは天皇や貴族が使っていた。女性の履くパンプスのような浅型のもので、木や皮、布で作られた。

描かれる老師は、払子《ほっす》か如意《にょい》（第6章一三六～一三七ページを参照）を持って、曲彔に座る構図が定番だ。ここでも曲彔が僧侶の威厳を示すものとして使われている。

ただし、この曲彔、のちには宗派を問わず使われるようになり、立礼の儀式、法要などのときに導師《どうし》（法要を取り仕切るリーダー格の僧侶）が座る椅子として定着した。また、近年の斎場では、参列者も椅子席のところがほとんどだ。したがって、斎場で行なわれる葬儀や法要などでは、曲彔を使うのが一般的になっている。

ところで、真言宗の開祖、弘法大師空海の像は、右手に五鈷杵《ごこしょ》（第6章一四二ページを参照）、左手に数珠《じゅず》を持って椅子に座った姿に造られる。この場合の椅子は曲彔ではなく、御倚子《みいし》と呼ばれるものである。

もともと天皇や皇太子が宮中で立礼の儀式のときに、腰掛ける椅子だ。四角い台に四本の脚をつけ、左右と後部に手摺を設け、背面に鳥居形の寄りかかりを取りつけたものである。天皇や皇太子が使うものをとくに御倚子といい、現在でも京都御所の清涼殿《せいりょうでん》にはこの御倚子が置かれている。

日本の古代には、椅子を常用する習慣はなかったようだ。しかし、飛鳥時代ぐらいから大陸文化とともに中国の皇帝の玉座《ぎょくざ》ふうのものが伝えられ、しだいに権威の象徴として使われるようになった。そして、さらに椅子の起源をたどれば、遠くギリシャやローマに行きつく。曲彔や椅子には雄大な歴史ロマンが秘められているのだ。

## 位《い》牌《はい》が中国で生まれた訳

日本では、仏壇に位牌をまつるのはごく一般的な習慣だ。寺院には必ず位牌堂がある。インドに起源を持つ仏教の習慣だから、位牌のルーツもインドにあると考える人も多いと思う。ところが、この位牌、中国の儒教《じゅきょう》（注58）の風習に由来するのだ。

中国では後漢《ごかん》（二～三世紀）のころから、人が亡くなると、長さ一〇センチから四〇センチほどの細長い板に、存命中の官位《かんい》や姓名を書いてまつる習慣が生まれた。この板のことを「木主《もくしゅ》」「神主《しんしゅ》」「木牌《もくはい》」などといった。これに神霊《しんれい》を寄りつかせ、亡くなった人が死後も神に守られて、幸せに暮らせることを願ったのである。

つまり、位牌は神霊の「依代《よりしろ》」として考案された。日本の神道《しんとう》でも古くから使われている「霊代《たましろ》」などと同じ役割をするものだ。これが、いつのころからか仏教に取り入れられ、死者の霊が留まるところとなったのである。

位牌は、日本へは鎌倉時代に禅宗とともに伝えられた。死者の菩提を弔《とむら》うために、位牌を作る習慣が広まったようだ。ただ、室町時代までは禅宗の寺院を中心に位牌が

注58　中国の孔子《こうし》の教えに基づくもので、人間が従うべき倫理を説く。日本には奈良時代にすでに導入され、後世、われわれの精神世界を強く支配するようになった。とくに、日本の政治制度に与えた影響は大きい。

まつられていた。しかし、江戸時代に檀家《だんか》制度が確立して、寺院が葬儀を取りしきるようになると、宗派を問わず位牌が普及した。

ところで、日本では古くから、祖先の霊魂はしばらく山中に留まったのちに、天に昇って浄化され、それが依代を目がけて降りてきて子孫を守ってくれるという、祖先崇拝の信仰があった。そして、祖先の霊は氏神《うじがみ》と呼ばれ、仏教が伝来する以前から、人々は榊などで依代を作って氏神を迎え、これを丁重にまつる習慣があったのだ。だから、中国から神霊の依代としての位牌が伝えられたときにも、違和感なくこれを取り入れることができたのだと思う。

中国では、生前の官位や姓名を木主などに書いた。日本では表面に戒名《かいみょう》（法名《ほうみょう》）と没年月日、裏面に俗名《ぞくみょう》と享年《きょうねん》（亡くなったときの年齢）を書くのが一般的になった。また、亡くなったすぐ後に白木《しらき》の位牌を作り、四十九日《しじゅうくにち》が済んで、遺骨を埋葬すると、黒塗りなどの位牌に作り変えて仏壇にまつる。これも日本で生まれた風習である。

このように、位牌は日本の各宗派で不可欠のものだが、浄土真宗だけはこれをまつらない。阿弥陀如来だけを礼拝して救われようとする浄土真宗では、阿弥陀如来以外への礼拝を避ける。位牌も礼拝の対象になるから、まつらないのである。

# コラム⑨ 東西本願寺の本堂はなぜ小さいのか

東西の本願寺の門をくぐると、正面に巨大な建物が二つ並んでいる。さて、どちらが本堂か迷うところだが、本堂は寺院の中心になる建物である。それならふつうは、ひときわ大きな、向かって左側の建物が本堂だと思うだろう。

ところが、本願寺では向かって右側のひと回り小さな建物が本堂で、ここに本尊の阿弥陀如来像がまつられている。そして、大きい方の建物は御影堂《みえどう》と呼ばれるものだ。ここには浄土真宗の開祖、親鸞《しんらん》上人の像が安置してある。御影堂は大師堂《だいしどう》、祖師堂《そしどう》とも呼ばれ、実はこの建物が本願寺の中心になる。

西本願寺の御影堂には七百三十四畳敷の広間があり、中央に親鸞上人の遺灰を塗りこめて造ったと伝えられる親鸞上人像が安置されている。

また、東本願寺の御影堂には九百二十七畳敷の広間があり、高さは三七メートル。東大寺の大仏殿に次ぐ世界で二番目に大きい木造建築である。明治一三年（一八八〇）から十五年の歳月を費やして完成した。中央には親鸞上人の木像を安置する。

本願寺の御影堂がこれほどまでに大きいのは、浄土真宗が宗祖の教えを非常に大切にするためである。

つまり、浄土真宗では阿弥陀如来の教えをやさしく説いた親鸞上人に対する信仰が時代とともに盛んになり、現代でも上人の遺徳を偲《しの》んでお参りする人が多い。その結果、多くの人を受け入れるために御影堂が大きくなったのだ。

# コラム⑩ 仏壇と祖霊崇拝の関係は？

仏壇はもともと仏像を安置する壇のことだ。インドで仏像の台座として作られたのが仏壇の起源である。のちには仏教の世界の中心にある須弥山《しゅみせん》をかたどったといわれる須弥壇《しゅみだん》が作られ、ここに本尊がまつられるようになった。後世、日本で各家庭にまつられている仏壇は、この須弥壇をモデルにしたものなのだ。

日本で家庭に仏壇がまつられるようになったのは、奈良時代のことと考えられている。聖武天皇《しょうむ》（七〇一～七五六）は「家ごとに仏舎《ぶつしゃ》（仏壇）を作って、仏像と経典を安置して供養せよ」という詔勅《しょうちょく》を出したという。ただし、この時代に仏壇をまつるほどの家に住んでいたのは、豪族や貴族などのごく限られた人々だった。仏壇が庶民の間に普及しはじめたのは室町時代のこと。そのきっかけを作ったのは浄土真宗の蓮如《れんにょ》上人で、浄土真宗の信者に仏壇を備えるように勧めた。以降、浄土真宗を中心に仏壇を備える家が急増し、江戸時代には宗派を問わず仏壇が普及したのだ。

仏壇は仏の世界であると同時に、その家の先祖の霊が宿る場所でもある。日本には古くから、先祖の霊を神として崇《あが》める祖霊崇拝の信仰があった。これが仏教と結びついて、仏壇に位牌を納めて先祖の霊をまつるようになった。

仏壇は単なる箱ではなく、家庭の中での聖域である。だが、ただ買ってきて部屋に置いただけでは、聖域にはならない。聖域にするためには「開眼供養」をしなければならないのだ。僧侶を招いてお経をあげ、仏壇の中に納める仏像や位牌に魂を入れてもらうのである。こうすることによって、はじめて仏壇に生命が吹き込まれる。

また、仏壇を買い替えたときには、いったん古い仏壇に安置してあった仏像や位牌の魂を抜いてもらい、それを新しい仏壇に移して開眼供養を営む。この魂を抜く儀式を「抜魂式《ばっこんしき》」などといい、やはり僧侶を招き、作法に則って行なわれるものだ。

抜魂式を終えた仏壇は、単なる箱になるはずだ。しかし、これも家電製品や家具などのように廃棄してはならない。お寺に持っていって供養をして焼却してもらう。ただし、最近ではダイオキシンの問題があるから、最終的には廃棄物として処理されることになる。しかし、いずれにしても供養せずに廃棄してはならないのである。

また、よく仏壇を新調すると、その家に死人が出るなどといわれるが、これはまったくの俗信。仏壇は先祖の宿る家だ。生きている人間もあまり老朽化した家に住んでいると、居心地が悪い。これと同様、故人の霊も古びて壊れかけた仏壇に入っていては落ちつかない。だから、時期を見て仏壇を新調するのも、大切な先祖供養である。

購入の時期については、その家の新仏《にいぼとけ》の百箇日《ひゃっかにち》とか一周忌《いっしゅうき》などの年忌《ねんき》が望ましいといわれている。年忌法要の後に開眼供養などを営めば、祖先の霊も満足するだろう。

最後に、仏壇には、大きく分けて「金《きん》仏壇」と「唐木《からき》仏壇」というものがある。前者は名前のとおり、内部に金箔などを貼った豪華な仏壇で、サイズも大きいものが多い。主に関西や北陸地方などで用いられる。いっぽう、後者は主に関東地方などで用いられるもので、木材の木目などの特性を活かした仏壇である。紫檀《したん》や黒檀《こくたん》、欅《けやき》、桑、柿、桜などを用いたものだ。紫檀、黒檀は最高級で、桜が最も劣る。

また、関西で金仏壇が使われるのは、蓮如上人が金仏壇を勧めたためともいわれている。

# 第6章

# 仏具の意外な故事来歴

# 仏具にはどんな意味があるのか

法要を営むときや、僧侶が修行をするときに使う道具を仏具という。最もポピュラーなのが数珠《じゅず》で、僧侶以外の一般の人にも親しまれている。また、誰でも知っている木魚《もくぎょ》や鉦《かね》などをはじめとして、仏具には実にさまざまな種類がある。それらの中には、もともと仏教とは関係のないものもあった。しかし、長い歴史の中で仏具として調えられ、重視されるようになったものも少なくない。

また、われわれが日常的に使っているものでも、仏具となると、特別な意味を持つものがある。たとえば、仏前に供える御飯を入れる器などは、単なる御飯茶碗ではない。仏の御飯を盛る器だから仏飯器《ぶっぱんき》と呼ばれて、大切に扱われる。さらに、法要のときには太鼓や笛などが使われることもある。これらも単なる楽器ではなく、仏を賛えたり、修行を励ましたりするための仏具として特別な意味を持っている（注59）。

また、密教では密教法具と呼ばれる特殊な仏具が発達した。金剛杵《こんごうしょ》と呼ばれる武器を中心にしたものである。密教の仏具は煩悩を打ち破り、われわれの願いを叶えてくれる霊力を秘めていると考えられている（本章一四二～一四三ページを参照）。

注59　大きな法要では笙《しょう》や篳篥《ひちりき》といった雅楽《ががく》の楽器も用いられる。笙は17本の長短の竹管を環状に束ねたもので、笙の笛とも呼ばれる。篳篥は長さ20センチ弱の竹笛で、表に７孔、裏に２孔を開けた縦笛。

# 木魚《もくぎょ》はなぜ魚に関係するのか

中国や日本の寺院は木造建築が主流だった。そのため、防火という面から魚や水に由来する建築細部の名称が多い。たとえば、東大寺大仏殿（金堂《こんどう》）の屋根の頂上には、左右に鴟尾《しび》というものが飾られている。これは魚の尾鰭《おびれ》の形に似せており、火伏せの守護とした（第2章五四ページを参照）。

そして、われわれにもなじみの深い木魚も「木の魚」と書く。だがしかし、これは火の用心の意味ではない。昔、中国の人は魚が目を閉じないことを観察して、魚は夜も昼も居眠りしない勤勉な生き物であると考えた。そして、読経中や座禅中はとかく眠気に襲われやすいことから、魚の形の木魚を作り、その勤勉さにあやかろうとしたのだ。

木魚は元来、寺院で僧侶たちを集めるときに鳴らすものだった。後には読経《どきょう》の際にリズムを整える仏具として使われるようになった。現在、一般には木魚は魚の形をしていない。けれども、その表面には鱗《うろこ》模様を彫って魚のイメージを留めている。

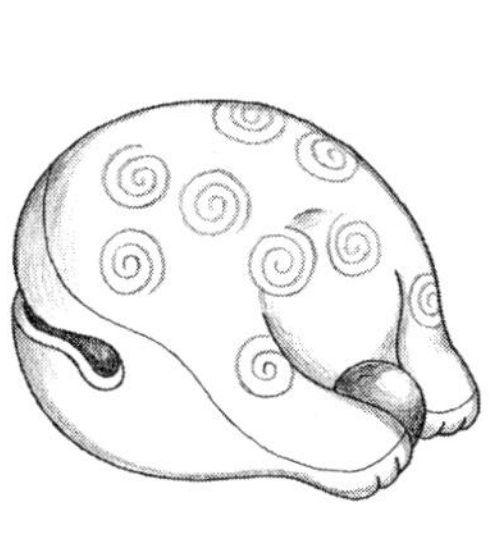

▲木魚

## 払子《ほっす》や如意《にょい》はどうして出来たのか

法要のときなどに、導師《どうし》が手にしている穂先の長い大きな筆のようなものを払子という。もともとインドでは獣の毛などを束ねて柄をつけ、虫やほこりなどを払う道具だった。現在でもアフリカのマサイ族が使っている蠅たたきのようなものが、払子の原型に近いものと思われる。

これが中国に伝えられ、主に禅宗で好んで使われるようになった。禅宗では長老の僧侶が説法《せっぽう》をするときに威儀を正すための、一種の演出の道具として使われ、払子は説法を象徴するものになった。したがって、払子を持って説法をすることのできるのは、少数の僧侶に限られる。それができる僧侶の職を秉払《ひんぽつ》と称して重んじた。

この払子、日本には鎌倉時代に禅宗とともに伝えられ、他の宗派にも広まった。ただし、浄土真宗だけは払子を使わない。浄土真宗は阿弥陀如来への純粋な信仰によって往生することを目指している。そのため、ことさらに仏教の功徳を演出するような小道具は使わないことを建前にしているからだ。

また、法要のときに導師が持つ孫の手のようなものがある。これは如意と呼ばれる

注60　オウム貝やアワビなど、真珠のような光沢を持つ貝殻をさまざまな形に切り、漆器や木地などに埋め込んだもの。奈良時代から平安時代にかけて流行した。正倉院《しょうそういん》の御物《ぎょぶつ》の中にも螺鈿の細工を施した調度品などが見られる。

仏具だ。もとはインドで背中を掻く孫の手として使われていたという。意のまま（如意）に痒《かゆ》いところを掻くことができるので、その名がつけられた。

この如意が仏教に取り入れられ、僧侶が持つものとなった。一説に、官吏が持つ笏《しゃく》（しゃもじのような扁平の木の板で、裏に紙を張ってメモをする）のように備忘（メモ）のために使ったともいう。だが、払子と同じく、法要などで僧侶が威儀を正すときに持つようになった。これも、中国や日本では禅宗で好んで用いられる。

如意には、文字どおり孫の手のような形をした木製の簡素なものから、先を金属の雲形にして精巧な花鳥などの線彫りを施し、木製の柄は漆《うるし》塗りにして螺鈿《らでん》（注60）などで装飾を施した豪華なものまである。また、払子についても、柄のところに華美な装飾を施したり、房のついた紐をつけたりしたものが作られた。しかし、初期の仏教ではそのような豪華なものを持つことはタブーとされた（本章一四四ページを参照）。

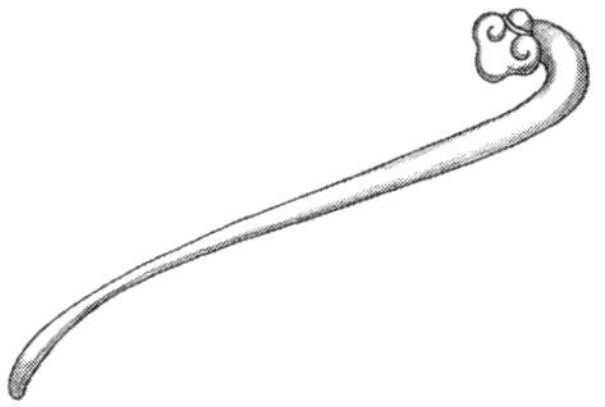

▲如意

▲払子

## 数珠《じゅず》の各種の使い方とは？

数珠の起源は古く、インドでは紀元前五世紀に仏教が興る以前から、バラモン教（注61）で盛んに用いられていた。

釈迦の時代に数珠を使っていたという記録は見えない。しかし、しだいに仏教徒の間にも普及し、後には数珠の効用を説いた『木槵子経《もくげんじきょう》』というお経も作られた。この経典に、煩悩《ぼんのう》（心の迷い）を断つために百八個の木槵子《もくげんじ》（ムクロジ科の落葉高木）の種子を連ねたものを、肌身離さず持ってつねに仏法僧《ぶつぽうそう》（注62）を念ずれば、その功徳は絶大であると説かれている。この経典が中国で翻訳され、六、七世紀ごろからは数珠が仏具として盛んに用いられた。これが日本にも伝えられ、僧侶、俗人を問わず仏教徒の必携の仏具となった。

数珠の珠の数は通常百八個にするのが基本である。これは仏教で人間には百八の煩悩があるといい、前述の『木槵子経』で、数珠にはその煩悩を断つ功徳があると説かれていることによる。ただし、珠の数は、一般に百八個の半分の五十四個、さらにその半分の二十七個、あるいは十倍の千八十個の四種があり、そのほかに四十二個、二

注61　インド最古の聖典である『ヴェーダ』を根本聖典とするインドの古代宗教。現在でもインド人の信仰の中心になっているヒンドゥー教に発展した。基本的には、太古よりインドの神話に登場する神々をまつって、人々の繁栄を得ようとするもの。

十一個、十四個のものもある。また、日本では三十六個、十八個のものも見られる。

珠の素材としては、水晶や翡翠《ひすい》、真珠などの宝石、金、銀などの貴金属、蓮《はす》の実や菩提樹《ぼだいじゅ》の実といったように、さまざまなものが使われる。中でも水晶と菩提樹の実の数珠を使えば、最高の功徳が得られるという。とくに真言宗などの密教では水晶の数珠を重視し、法要や儀式のときの正式な仏具として用いる。

数珠の使い方は、宗派や時代によってさまざまである。一般には法要や読経のときに手に掛けて用いるが、仏像を礼拝するときなど、首に掛ける場合もある。これはインドでも古くから行なわれていた使用法である。

また、数珠玉を繰りながら、念仏などの回数を数えるのにも使われる。これもインドで古くから行なわれていたものである。数珠玉を繰って陀羅尼《だらに》（一種の呪文）を唱え、その回数を数えた。

しかし、この方法が一般に普及したのは、数珠が中国に伝わってからのことだ。唐代の初めに、浄土信仰を広めた道綽《どうしゃく》（五六二〜六四五）という人は、毎日七万回も念仏を唱えたといい、数珠を使って回数を数えるようになったという。

百八個の数珠の場合、念仏を一回唱えるごとに、ソロバンのようにタマを一つずつ繰って行く。一周すれば、百八回唱えたことになる。

このほか、よく数珠を両手で揉むことがあるが、これは日本独自の習慣である。

注62　仏は釈迦如来、法は釈迦が説いた仏教の教え、僧はその教えを信じる集団のこと。仏教という宗教は、この三つが揃ってはじめて成立し、そのいずれが欠けても成り立たない。このことから、これを三宝《さんぽう》といって大切にする。

## 錫杖《しゃくじょう》が仏具として重視された理由

地蔵菩薩の持物《じもつ》としてもよく知られている錫杖は、杖の先に数個の金属の輪がついたものだ。これを突いて歩くと、シャクシャクという音（注63）がすることから、シャクジョウ（錫杖）と呼ばれるようになったという。

古代エジプトには、シストルムと呼ばれる錫杖と同じ形のものがあった。宗教的儀式に楽器として用いられたという。これがインドに伝わったものと思われる。インドでは歩くときに音を出して獣や毒蛇を追い払い、また、僧侶が托鉢《たくはつ》（お経を唱えながら家々を回り、金銭や米などの施しを受けること）に来たことを知らせるために用いられていた。

これが僧侶の必需品の一つとなり、しだいに仏具として神聖視されるようになった。その形や使用法も厳格に定められた。杖の高さは肩までとされ、木製の杖の上の金属の輪には六個から八個の小さな輪を取りつけ、下部に石突《いしづき》をつける。錫杖は法要や儀式に用いられ、読経のときに調子をとるのに使われたりするようになった。

日本には飛鳥時代に伝えられ、仏具として普及した。正倉院《しょうそういん》には奈良時代に作られ

注63「シャクシャク」というのは、古代インド人が用いた擬音語。日本人であれば、「シャンシャン」とか「チャリンチャリン」などという擬音語で表わすだろう。

た最古の錫杖が納められている。これは木の杖の上端に宝珠型《ほうじゅ》の金属製の輪をつけ、それに小さな輪を左右に三個ずつ通し、宝珠型の輪の中央に小さな重層の塔がついている。また、時代が下ると柄の部分も含めて、全体が金属製のものも作られた。

日本では儀式のときに、僧侶を先導する者が錫杖を振り鳴らして、行道《ぎょうどう》の先払いをする。また、神仏習合《しんぶつしゅうごう》の影響で、神社の祭などでも錫杖が用いられることがある。この場合は、神霊《しんれい》の通り道を清める意味があるようだ。

さらに日本では平安時代以降、声明《しょうみょう》という仏教の声楽が盛んになる。これは仏の功徳を鑽仰《さんぎょう》するためにお経にメロディをつけて歌い上げるもので、梵唄《ぼんばい》とも呼ばれる。キリスト教の聖歌、賛美歌のようなものだ。

この声明の一つに、柄の短い錫杖を持って振り鳴らし、リズムをとりながら歌うものがある。そして、この声明自体を「錫杖」と呼び、天台宗では重要な儀式の一つに挙げられている。ここでは錫杖は古代エジプトのシストルムと同様、儀式用の楽器として使われているのである。

▲錫杖

# 密教法具《みっきょうほうぐ》にはどんなものがあるのか

密教法具の中で最も重要なのが金剛杵《こんごうしょ》というものだ。これはサンスクリット語でヴァジュラといい、稲妻をかたどったという古代インドの武器だ。仏教では、一切の煩悩（迷い）を取り除く神聖な武器となった。

金剛杵は真鍮《しんちゅう》などで作られ、両端が槍のようになったものを独鈷杵《どっこしょ》、両端が分かれて鷹の爪のようなものが三本ついているものを三鈷杵《さんこしょ》、爪が五本のものを五鈷杵《ごこしょ》と呼んでいる。

さらに金剛鈴《こんごうれい》という鈴がある。これは、ワイングラスのような形をした金属の鈴の柄に独鈷杵や三鈷杵などをつけたもの。人々に精進を促すために鳴らす鈴だ。柄の部分に三鈷杵をつけたものを三鈷鈴、五鈷杵をつけたものを五鈷鈴と呼ぶ。

以上の独鈷杵、三鈷杵、五鈷杵、金剛鈴が最も重要な密教法具である。これらをワンセットにして、金剛盤《こんごうばん》という金属製の皿の上に載せる。このような密教法具は、弘法大師空海が中国から伝えたといわれている。東寺《とうじ》をはじめ真言宗の寺院では、この形を踏襲している。

このほか、金剛杵の変わり種として羯磨《かつま》金剛というものがある。これは二本の三鈷杵を十字に組み合わせた手裏剣《しゅりけん》のようなもので、十字金剛《じゅうじこんごう》とも呼ばれている。仏の智慧を象徴したものという。

次に、護摩壇《ごまだん》などの上に湯呑《ゆのみ》のようなものが並んでいるが、これを六器《ろっき》という。やはり密教の重要な法具だ。火舎《かしゃ》（香炉）の左右に三つずつ対で置かれ、合わせて六つになるから六器と呼ばれる。火舎に近いほうから、閼伽《あか》（水）、塗香《ずこう》（手や身体を清めるために塗る香）、華鬘《けまん》（花をかたどった装飾具）を盛る。

また、密教では仏舎利《ぶっしゃり》を本尊として、舎利法という加持祈禱《かじきとう》が行なわれる。このときに使われる舎利塔が、壇の中央に置かれて重視される。これは多宝塔（注64）のミニチュアで、塔の内部には水晶で作った宝珠型の容器を備え、この中に仏舎利を納める。

▲密教法具

注64　釈迦が『法華経』を説いていたときに出現したといわれる塔。多宝如来という釈迦の先輩の如来がその中にいたことから、この名がある。二階建で、上層が饅頭《まんじゅう》型になっている。高野山の根本大塔など、密教寺院に多く見られる。

# コラム⑪ 袈裟《けさ》はなぜ質素を旨としたのか

袈裟の起源は、釈迦が生きていたころから定められていた、三衣《さんね》という僧侶の衣である。三衣は大中小三枚の衣で、町に托鉢に出たり、王宮に招かれたときに着る大衣《だいえ》、礼拝や読経のときに着る上衣《じょうえ》、日常の作業や就寝のときに着る肌着の三種である。

また、三衣は糞のように捨てられた布を洗って作ることから、糞掃衣《ふんぞうえ》とも呼ばれる。その材料となるのは、死体を包んでいた布、擦り切れて捨てられた布、ネズミなどが噛んだ布、焼けた布など、とうてい使い物にならない布ばかりである。これを丹念に洗って継ぎ合わせ、一枚の衣を作るのだ。

そして、衣の色についても厳格に規定され、赤や青、黄、白、黒などの原色は許されない。もっとも、糞掃衣はいろいろなハギレを継ぎ合わせて作るので、全体として原色になることはあり得ないのだ。種々の色を混ぜ合わせて原色を破壊したということから、このような糞掃衣の色を壊色《えじき》と呼ぶ。これが出家《しゅっけ》の色と定められた。

一方、赤や青などの原色は正色《しょうじき》といい、俗人の色とされたのである。また、この壊色をサンスクリット語でカーシャーヤといい、その音に漢字を当てて「袈裟」というのである。つまり、袈裟の語源はその色に由来するのだ。

このように三衣の作り方や色について、厳格に規定したのは、仏教が物欲を最小限に抑えて、上等な衣服を着ることを避けたためである。そして、質素な衣をまとうことによって、俗人と出家との区別を明確にしたのだ。

ただし、時代が下ると、捨てられた布をつなぎ合わせるということはしなくなった。それでも、一枚の大きな布を用いず、細長く裁断した布を縫い合わせて袈裟を作った。そして、草木染めなどの地味な色に染め上げて、華美な原色は避けたのである。

インド生まれの三衣は暑さには適しており、タイやスリランカ（セイロン）、ミャンマー（ビルマ）などの亜熱帯の国々では、今でも三衣を着用している。タイなどの僧侶が着ている、黄色っぽい衣がそれで、袈裟の原型だ。

しかし、中国や日本では三衣だけでは、冬の寒さを防ぐことができない。そこで、三衣の下に別に衣を着るようになり、三衣はしだいに神聖視されて、僧侶のシンボルとなった。袈裟と衣は混同されている向きもあるが、衣の上に肩から脇に斜めに掛けたり、あるいは首から掛けているものが袈裟である。

後世、中国や日本では刺繡《ししゆう》などを施した豪華なものが作られるようになり、質素を旨とする袈裟の原義からは遠ざかった。しかし、何枚かの細長い布を縫い合わせる製法は踏襲された。七条袈裟《しちじょうげさ》とか九条《くじょう》袈裟などと呼ばれるのは、縫い合わせた布の条数（本数）による。つまり、九条は九枚の布を縫い合わせたものである。

▲袈裟は僧侶のシンボル

# コラム⑫ 僧侶の食器、鉄鉢の厳しい決まりとは？

僧侶が托鉢のときに持っている大きなどんぶりのようなものを鉄鉢《てっぱつ》という。もともとインドでは、僧侶の食器として使われていたものだ。

この鉄鉢、インドでは早くからその材質や色、大きさなどが厳格に規定されていた。まず、材質は鉄製か陶製と定められ、これを鉄鉢、あるいは瓦鉢《がはつ》と呼んだ。そして、木製のものは外道《げどう》（仏教以外の宗教の修行者）が持つものとされた。また、石でできた鉢は仏（如来）の持ち物とされて、僧侶が持つことを禁じられた。

色については、煙でいぶした黒っぽいくすんだ色と定められていた。また、大きさについては大小があり、大鉢は六リットルぐらい、小鉢は三リットルぐらいと定められていたようだ。さらに、壊れた場合の修理方法についても細かく規定されていたという。

このように、鉢は材質や容量などの規定に従って忠実に作られたのである。そのことから、応量器《おうりょうき》（容量にかなった器）、応器《おうき》（規定に従った器）などとも呼ばれていた。

鉢が厳格に規定されたのは、それが仏に仕える僧侶の神聖な食器だからである。俗人や外道が使う器と厳しく区別し、仏教の僧侶以外がこれを使わないようにしたのだ。俗人や外道が使って、生臭《なまぐさ》ものや不浄なものを入れることを避けたのである。

さらに、仏教の僧侶は仏道修行をするという立場ではみな平等である。金銀を使ったり彩色を施した豪華なものに対して、鉄製の粗末なものといったように、材質などによって差が出ないようにしたのだ。そして、袈裟と同じように、できるだけ簡素なものを目指したのである。

また、僧侶の持ち物を総称して「三衣一鉢《さんねいっぱつ》」という。三衣は僧侶が着る三枚の衣、一鉢は鉄鉢のことである。少欲知足《しょうよくちそく》（欲を最小限にして、足ることを知る）を旨とする仏教では、僧侶の持ち物も必要最小限に留められていた。つまり、三枚の衣と一つの鉢があれば、日常生活には事欠かないというわけだ。物に囲まれて生活するわれわれ現代人には信じがたい話である。

日本の鉄鉢は上が狭まった椀型で、色は黒、容量は小鉢よりも小ぶりの約一・二リットルのもので、主に禅宗の寺院で使われてきた。現在は食器としては使われず、もっぱら托鉢のときに持ち歩き、お金や米を入れてもらう。

ただし、タイやスリランカ（セイロン）では今でも托鉢して食物を入れてもらい、鉄鉢一杯の食物を僧侶の一日の食料としている。


ちなみに、これらの国々では、正午以降の食事は禁じられており、また、その日に施された食物は冷蔵庫などに保管してはいけない決まりになっている。これは、釈迦が生きていたころの戒律《かいりつ》をそのまま守っているからだ。

最後に、俳人の種田山頭火《たねださんとうか》の「鉄鉢の中に霰《あられ》」という句をご紹介しておこう。冬の寒空に一日中、歩き回って一粒の米も得られず、代わりに一粒の霰が落ちてきたという意味だ。

午後からは何も食べることができないタイやスリランカの僧侶もさることながら、山頭火のひもじさも、想像に余りある。

# コラム⑬　仏具の〝三点セット〟とは何か

仏具には、実にさまざまなものがあるが、中でもロウソクを立てる燭台、花を生ける華瓶《けびょう》（花瓶）、香を焚く香炉は欠かすことのできないものだ。この三点が備わっていれば仏具として必要十分であるという意味で、三具足《みつぐそく》（具足は十分に備わっているという意味）といい、また、華瓶と燭台を二つずつ対にする場合には五具足《ごぐそく》と呼ぶ。逆にいうと、どんなに立派な仏具を備えても、三具足がなければ、不完全なのだ。

慰霊祭などの法要は屋外で行なわれることが多い。この場合も、三具足さえあれば法要を営むことができるというわけだ。

三具足や五具足は寺院の本尊の前などに必ず供えられ、また、家庭の仏壇にも不可欠の仏具だ。ただ、家庭の仏壇の場合には、香炉には線香を立てることから、線香を入れておく線香立を供える。

仏前の中央に香炉（線香立）、向かって右に燭台、左に花瓶を並べる。五具足の場合は、中央に線香立、左右に燭台、外側に花瓶を据える。

燭台に灯明《とうみょう》を灯すのは、仏道を照らすためだという。つまり、われわれが仏の教えに従って生きていくことができるように、歩むべき道を照らすのである。花瓶に花を供えるのは、仏を鑽仰するためだ。昔、釈迦の説法に感動したインドの神々が、天からさまざまな花を降らして、讃えたという伝説にちなむ。

最後に、香（線香）は仏の食べ物だ。悟りの境地に達した仏は、香だけを食べていると考えられているのである。また、香を焚くことによって、われわれの心身を清めることができるという。

# 第7章

# みほとけの御利益《ごりやく》と功徳《くどく》

## 御利益と功徳はどう違うのか

一般には、御利益と功徳はあまり区別しないで用いられている。しかし、両者には多少の違いがある。

まず御利益は、仏教の教えに従うことによって得られる幸福とか恩恵のことであるという。仏教の教えを信じ、それに従って正しい生活を続けていれば、その結果として、自ずから恩恵にあずかることができるというのである。ここで、正しい生活というのは、無益な殺生《せっしょう》をしたり、怠けたり、嘘をついたりしないこと。当たり前のことだが、実行するのは難しいことが多い。

また御利益には、この世で生きている間に得られるものと、死んでからあの世で得られるものとがある。前者は病気が治るとか、寿命が延びるとか、お金が儲かるといったもので、これを現世《げんぜ》利益という。また、後者は南無阿弥陀仏を唱えて、死後、阿弥陀如来の極楽浄土に往生したりするもので、これを後世《ごぜ》利益という。

観音菩薩や薬師如来などは現世利益を代表し、阿弥陀如来は後世利益を代表する仏だ。要するに、仏教は生きている間も、死んだ後にも御利益を授けてくれるありがたい宗教なのである。

また、功徳は善行《ぜんぎょう》をおこなうことによって得られる果報であるという。仏教では「善因善果《ぜんいんぜんが》、悪因苦果《あくいんくか》」ということを説く。つまり、善い行ないをして、善い原因を作れば、善い結果が生まれる。けれども、悪いことをして悪い原因を作ると、苦しみの結果、悪い結果が生じるということだ。

善い行ないとは、具体的には布施《ふせ》（損得を考えないで、施しをすること。注65）をしたり、写経をしたり、お経をあげたりすることである。これも御利益と同じように、仏教の教えに従うことによって授かる果報ということになる。善い行ないが一種の潜在的なパワーとなり、それが将来、その人の人生を良い方向に向かわせてくれるのだ。

だから、御利益が比較的、即効性があるのに対して、功徳の方は忘れたころにやって来るのである。その意味で、現在でも、最も即効性のある現世利益が人気を集めている。

要するに、御利益も功徳も仏教の教えを信じ、それに従って善い行ないをした人が授かることのできるものなのだ。ただし、特定の信仰を持たず、ふだんはあまり信心深くない人でも、仏前で真心を込めて拝めば、必ずその心が通じる。要は神仏の前では嘘、偽りのない態度をとることだ。簡単そうに見えて、意外に難しいことかもしれない。

注65　布施には財施《ざいせ》と法施《ほうせ》がある。前者は僧侶などに金品を捧げること。後者は僧侶などが仏教の教えを説いたり、お経を読んだりすること。ただし、布施の範囲は広く、必ずしも僧侶と信者（檀家）の間の財施と法施のやり取りだけとは限らない。たとえば、ボランティアをしたり、電車の中で老人に席を代わってあげるのも立派な布施だ。

# 「四万六千日《しまんろくせんにち》」の信仰が広まった訳

毎年七月九日、東京・浅草の浅草寺《せんそうじ》では「ほおずき市」が開かれる。この日は観音菩薩の縁日で、別名「四万六千日」とも呼ばれて親しまれている。この日に参詣すると四万六千日分の御利益があるということから、このように呼ばれるのである。

平安時代の末ごろから、千日間つづけて寺社に参詣して祈願する風習が広まった。しかし、時代が下って世の中がしだいに忙しくなると、千日も続けてお参りすることが難しくなってきた。そこで、特定の日を決めて寺社にお参りすると、千日分の功徳があるという「千日詣《せんにちもうで》」が、盛んに行なわれるようになった。現在でも東京の愛宕《あたご》神社では六月二十四日、京都の清水寺では八月十日に千日詣が行なわれている。

この千日詣の功徳をさらにパワーアップしたものが「四万六千日」だ。これらの数字の根拠については経典にも説かれておらず、はっきりしたことは分からない。ただ、仏教では千手《せんじゅ》観音などの千本の手は無限を表わすというから、これらの四万六千日という日数も御利益の大きさを象徴的に表わしたものと思われる。

四万六千日は室町時代ごろに起こり、江戸時代にはすっかり定着して盛んになったと伝えられている。四万六千日の信仰は浅草寺をはじめとして、とくに江戸を中心に盛んになり、関東一円に広まった。これは千日をはるかに超える四万六千というビッグな数字が気《き》っ風《ぷ》のいい江戸っ子によく馴染み、「生き馬の目を抜く」といわれる忙しい日常を送る人々には打ってつけの行事だったのだろう。それで、浅草寺の四万六千日などには多くの参拝者が殺到したのである。

　また、浅草寺の四万六千日は、通称「ほおずき市」として親しまれている。今でもこの日には境内や参道にほおずきを売る露店がたくさん並んで、大いに賑わう。このほおずき、江戸時代には七夕やお盆のお供え物としてよく用いられ、盆市などではほおずきを売る光景が、夏の風物詩になっていたという。また、これを陰干しにしておけば虫除けにもなり、さらには漢方としてもその薬効が知られていた。そして、四万六千日のありがたい縁日にほおずきを求めれば、その効果も倍増すると考えられたのだろう（注66）。

▲浅草寺

注66　ほおずきを軒下に吊るして、雷除けのまじないにもしたという。

## 弘法大師像が厄除《やくよ》けの霊験《れいげん》あらたかな秘密

神奈川県の川崎大師は、厄除け弘法大師をまつることで有名である。川崎大師は通称で、正式名称は金剛山平間寺《へいげんじ》。平安時代の末、もと武士だった平間《ひらま》兼乗《かねのり》という人が、ある夜、当地の海中を探ってみよとの夢を見た。兼乗がこの夢のお告げに従って、海中に網を入れたところ、弘法大師の像を引き上げた。

この夢のお告げに驚いた兼乗は、お堂を建てて弘法大師像を丁重にまつり、自らの姓をとって平間寺と名づけた。これが川崎大師の起源とされている。このとき兼乗は四十二歳の厄年だった。しかし、弘法大師像をまつったために大きな災難にも遭わず、平穏な生活を送ることができた。そこで、この弘法大師像は厄除け大師と名づけられ、その霊験はまたたく間に各地に広まった。それから数年後には勅願寺《ちょくがんじ》（注67）に定められ、年とともに栄えて今日に至っている。現在でも厄除けに訪れる参詣者は多く、また、正月の初詣客の数では、全国屈指である。

日本に密教を伝えた弘法大師は、護摩《ごま》などの祈禱に巧みだったことで知られている。護摩にはあらゆる災難を取り除く霊力があると考えられていることから、弘法大師が

注67　天皇やその使者が直接、参詣する寺で、天皇の発願《ほつがん》で建てられたものもある。

厄除けの本尊として信仰されていたものと思われる。平間寺のエピソードは、厄除けの本尊としての弘法大師の信仰が、早くから行なわれていたことを示している。

また、東京は西新井の大師堂の本尊も、厄除け大師として信仰を集めている。この寺は弘法大師が関東を巡歴した際に、自ら刻んだ十一面観音像をまつったのが起源とされる。のちに開山の弘法大師像がまつられ、こちらの方が盛んに信仰されるようになった。この大師像は火伏《ひぶせ》大師とも呼ばれ、防火にも霊験があるといわれる。厄除けとともに防火の祈願をする参詣者も多い。

この他にも各地には、厄除け大師をまつる寺は多く、厄年が無事に過ぎることを祈願する人などで賑わっている。また、交通事故に遭わないようにとの願いから、交通安全祈願に訪れる人も多い。川崎大師には交通安全祈願殿という、車ごと入れる祈禱所がある。そこで祈願をしてもらう人も多い。

▲川崎大師として知られる平間寺

# 護摩《ごま》にはどんな御利益があるのか

護摩はサンスクリット語でホーマといい、「焼く」という意味がある。もともとイランなどで行なわれていた拝火教《はいかきょう》（ゾロアスター教、注68）の儀礼だが、早くからインドに伝えられて盛んに行なわれるようになったという。これが中国に伝えられ、平安時代に弘法大師空海が日本に伝えて、大成した。

信者が奉納した護摩木という神聖な薪《たきぎ》を、護摩壇の炉の中で勢いよく燃やし、その中に護摩百味《ひゃくみ》と呼ばれる、五穀をはじめとするさまざまなものを投じる。護摩を焚くときに本尊となるのは不動明王である。護摩の火は不動明王の深遠な智慧を表わし、護摩木は煩悩を表わすという。つまり、不動明王が背負っている火炎が、そのまま護摩の炎になって燃え上がるのである（第4章一〇五ページを参照）。

つまり、不動明王の智慧の火で煩悩（護摩木）を焼き尽くすことが、護摩を焚く目的だ。煩悩がなくなって清浄になったわれわれの願いは、不動明王がことごとく叶えてくれるという。

護摩の御利益は息災、増益、調伏《ちょうぶく》といわれるものだ。息災は災いを除くこと、増益

注68　紀元前7世紀ごろに興った、ペルシャのツァラツストラを開祖とする民族宗教。7世紀のササン朝ペルシャまで栄えたが、イスラム教によって滅ぼされた。その後はパールシー教としてインドで命脈を保ち、今日でも数万の信者がいる。アフラ・マズダを主神として仰ぐことからマズダ教とも呼ばれ、また、火を神聖視して崇拝することから拝火教と呼ばれる。

は幸福をもたらすこと、調伏は悪を退散させることである。つまり、護摩を焚くことによって、すべての御利益にあずかることができるのである。

真言宗や天台宗の寺院では、毎月二十八日の不動明王の縁日に護摩が焚かれる。また、とくに参詣者の多い寺院では毎月二、三回、護摩供養が行なわれる。さらに、新年の護摩供養は、とくに御利益があるといわれ、多くの参詣者が押しかける。

▲境内で護摩を焚く（京都・広隆寺）

# 除夜の鐘は厄落としの総決算なのか

昔、中国では朝夕の二回、鐘を鳴らしていたという。朝の鐘は眠気を覚ます起床の合図、夕方の鐘は煩悩（迷い）に曇らされた目を覚ますためのものだった。現在でも、日本では朝夕に鐘を撞《つ》く寺院は少なくない。こちらは時を知らせる目的で撞かれる場合が多い。時計と同じで、朝夕の五時に五回ずつ撞き鳴らす。

ところが、中国では昔、朝夕、百八回も鐘を鳴らしていたという。人間には百八もの煩悩があり、これがあると悟りの境地に達することはできない。つまり、正しい客観的な判断をすることができないのだ。たとえば、子煩悩《こぼんのう》というのも煩悩の一つである。この煩悩に支配されると、自分の子供を客観的に見ることができず、えこひいきをする。その結果、他人に恨まれたり、わが子が道を誤ったりするのだ。

そういうさまざまな煩悩を戒めるために百八回も鐘を鳴らしたのである。そして、これが除夜の鐘に取り入れられたのだ。「除夜」は十二月三十一日、新年を迎える前、最後の夜だ。一説に、古い年の疫病や鬼など、人間に害を加えるものを「除く夜」だから、除夜と呼ばれるともいう。だから、この年の変わり目の日には決して眠ることなく、疫病や鬼を明くる年に連れて行かないように見張りをしたのである。

現在、二月はじめの立春の前日に行なわれる節分は、もともと除夜の行事で、「鬼は外」というのは、旧年の鬼を新しく迎える年の「外」に追い出すことだった。そして、仏教の教えによれば、人間の目に見えない最大の敵は、種々の煩悩である。その煩悩を追い払うために、年末から年始にかけて鐘を撞き続け、旧年の百八の煩悩をすべて追い出してしまう。これが除夜の鐘の意義である。

ただし、この百八という数字にはさまざまな説がある。一説には、百八は一年間を表わしているという。つまり、十二ケ月、二十四《にじゅうし》節気《せっき》、七十二候《しちじゅうにこう》（注69）を合計した数だというのだ。二十四節気は立春、雨水《うすい》、啓蟄《けいちつ》……など一年間の季節の節目を二十四等分したもの。七十二候は、これをさらに細かくして、七十二等分したものだ。いずれにしても、除夜の鐘には一年を清算して、新しい年を迎える意味がある。

▲除夜の鐘（京都・知恩院）

注69　季節の変化に応じて１年を72等分したもの。５日を一候、六候を１ケ月とし、１年を七十二候とする。「気候」の語源は、二十四節気、七十二候の「気」と「候」に由来する。

# 塔婆《とうば》を建てると大きな功徳がある理由

墓地には塔婆が付きものである。これは、もともとインドで仏舎利《ぶっしゃり》を埋葬したストゥーパという仏塔《ぶっとう》に起源を持つものだ。サンスクリット語のストゥーパを音写（第2章三九ページの注13を参照）して、卒塔婆《そとば》といい、これを略して塔婆というのである。

インドのストゥーパは饅頭《まんじゅう》型の塔で、五重塔などの最上部に見られる相輪《そうりん》はこれを模して造られたものだ。そして、このストゥーパをさらに象徴的に表わしたのが、われわれが墓地で見かける塔婆で、日本独特のものだ。

これは細長い板に梵字《ぼんじ》（インドの文字）や経文、戒名などを書いたもので、板塔婆《いたとうば》と呼ばれている。後世、この板塔婆を塔婆、卒塔婆と呼び、インドのストゥーパや五重塔などは、単に「塔」といって区別している。

板塔婆の上部には切り込みが入っている。これは地《ち》・水《すい》・火《か》・風《ふう》・空《くう》という、すべての物質を構成する五要素（五輪《ごりん》）を表わす。仏教では、仏をはじめとする万物はこの五輪からできており、死んだ人の肉体は五輪に分解され、仏と融合すると考える。

日本では五輪をかたどった五輪塔というものが造られ、鎌倉時代ごろからは武士の間で墓石として用いられた。五輪塔を墓標とすることで、死者が無事に成仏することを願ったのだ。

五輪塔は下から方形・円形・三角形・半円形・宝珠型《ほうじゅ》（桃の実の形）の石を積み上げ、それぞれ地・水・火・風・空を象徴したものである。卒塔婆の上部にある刻みは、この五輪塔の形をかたどって簡略にしたものだ。

塔婆を建てるのは追善《ついぜん》のためである。追善というのは、死者の冥福を祈ることだ。つまり、生存者が死者に代わって善事《ぜんじ》（善い行ない）を追加して行なうのである（注70）。四十九日や百箇日、一周忌などの年忌《ねんき》法要《ほうよう》を行ない、また、仏像や塔を建て、金品を布施することが、すべて死者のための追善になるのだ。

そして、経典には塔を建てると無上の功徳があると説かれているが、五重塔などは余程の資力がなければ、個人で建立することはできない。そこで、誰もが手軽に建てることのできる板塔婆が普及したのである。しかし、板塔婆にも五重塔を建立するのと同じ功徳がある。だから、塔婆を建てることを、建物と同じように「建立する」というのである。

ただし、浄土真宗では追善という考え方を認めない。念仏さえ信じれば、ほかの善行をしなくてもよいと考えるからだ。そのため、浄土真宗の墓地には塔婆がないのである。

注70　肉体の無くなった死者には善悪の行為ができないと考えた。そこで、生きているものが代わって善行を行なうのである。また、その善行の一部を死者に振り向けることから、「回向《えこう》（回し向ける）」という。回向は日本独特の考え方だ。

# 干支《えと》によって決まっている守護本尊とは？

子《ね》・丑《うし》・寅《とら》……などの干支は中国で生まれたものだが、これがいつのころからか仏教と結び付き、生まれ年によって守り本尊が定められるようになった。仏教オリジナルの習慣ではないが、日本ではポピュラーな信仰になった（注71）。今日でも、自分の守護《しゅご》本尊を熱心に信仰している人は少なくない。

まず、子年生まれの人の守護本尊は千手観音だ。この観音は千本の手と、その手のひら一つ一つに千個の眼を持ち、人々の様子をつぶさに観察して、千本の手に象徴されるあらゆる手段で救ってくれる。この観音の縁日《えんにち》は毎月十七日。この日にお参りすれば御利益は倍増だという。

丑年と寅年の守護本尊は虚空蔵菩薩《こくうぞうぼさつ》。この菩薩は虚空（どこまでも広がる空間）のように、広大無辺の慈悲で信仰するものを優しく包み込んでくれるという。毎月十三日が縁日だ。

卯《う》年生まれの人は文殊《もんじゅ》菩薩が守護本尊になる。「三人よれば文殊の智慧」といわれるように、智慧に優れた菩薩。研ぎ澄まされた智慧で、信仰するものを自在に救って

注71　薬師如来の眷属《けんぞく》の十二神将《じゅうにしんしょう》も十二支に割り当てられ、それぞれの干支の守護神として信仰されている。十二神将の頭頂に干支の鳥獣を冠するのはそのためである。

くれる。縁日は毎月二十五日。

辰《たつ》年と巳《み》年生まれの守護本尊は普賢《ふげん》菩薩。普賢菩薩は修行を得意とする菩薩で、信仰する人を正しい道に教え導き、悟りに至らせてくれる。毎月二十四日が縁日だ。

午《うま》年の人の守護本尊は勢至《せいし》菩薩。この菩薩は人々を悟りに至らせる種を植えるという。つまり、この菩薩を信仰すれば、黙っていてもやがて悟りの境地に至ることができるというのだ。縁日は毎月十七日。

未《ひつじ》年と申《さる》年の人の守護本尊は大日如来《だいにちにょらい》だ。大日如来は密教の教主《きょうしゅ》（教えを説く人）で、仏、菩薩をはじめすべてのものはこの如来から生まれる。したがって、その加護のもとにいれば、つねに安泰というわけだ。毎月八日が大日如来の縁日である。

酉《とり》年生まれの人の守護本尊は不動明王《ふどうみょうおう》だ。この明王は大日如来の化身で、その恐ろしい顔ですべての煩悩《ぼんのう》を打ち破ってくれる。仏教の教えに背いたり、言うことを聞かない者には、きわめて厳しい態度でのぞむが、仏教を信仰し精進する者には従順にしたがって、何くれとなく世話を焼いてくれる。毎月二十八日が縁日だ。

戌《いぬ》年と亥《い》年の守護本尊は阿弥陀《あみだ》如来。よく知られているように、この如来の名を唱えれば必ず極楽浄土《ごくらくじょうど》に連れて行ってくれる。毎月十五日が縁日である。

守護本尊はわれわれが生まれてから死ぬまで、守り続けてくれるので、「一代守り本尊」といわれている。また、縁日はそれぞれの守護本尊と縁を結ぶ日だ。

# コラム⑭　四国遍路にはどんな功徳があるのか

四国のお遍路さんがかぶっている笠には、「同行《どうぎょう》二人《ににん》」という文字が書かれている。一人はお遍路さん自身、もう一人は弘法大師空海だ。四国遍路はかつて弘法大師が修行をした聖跡《せいせき》を巡る旅である。その旅には、つねに弘法大師が同行しているというのが「同行二人」の意味だ。

旅のパートナーとして弘法大師ほど頼れる人はいない。日が暮れても嵐になっても、大師が守ってくれる。そして、ときに大師はお遍路さんを困らせることもある。しかし、それは大師がその人に来し方を反省させ、懺悔《ざんげ》するチャンスを与えてくれているのだという。お遍路さんたちは素直にそう受けとめて、困難を克服しながら旅を続けてきたのである。

お遍路さんはつねに金剛杖《こんごうづえ》という杖を持っている。これは弘法大師の分身と考えられ、大師の霊力《れいりょく》が備わっていると信じられている。病気になったときに金剛杖に一心に祈り、あるいはこの杖で病んだところをさすれば回復する。現に、そうやって旅の病を治した人もいるという。だから、お遍路さんは宿に着くと、杖をきれいに拭いて部屋の上座に据え、合掌して一日の無事を感謝し、明日も安全に旅ができるように祈るのである。

また四国遍路では、昔から「お接待」と称して土地の人がお遍路さんを手厚くもてなす独特の習慣がある。人々が率先してこのようなお接待をするのは、生きた弘法大師とともに旅をするお遍路さんに対する尊敬の念からであろう。

このように、お遍路さんやお接待をする土地の人人が同行二人を信じて疑わないのは、弘法大師が今も生き続けて人々を救ってくれるという入定《にゅうじょう》信仰によるものだ。そして、無事に遍路の旅を終えた人が最後に「お礼参り」として参詣するのが、高野山奥の院だ。杉の老木に囲まれたその廟《びょう》の中には、今も

▲花の下を行くお遍路さん

弘法大師が瞑想しながら人々を見守ってくれている。

ちなみに四国遍路では、うるう年に八十八番から逆に巡ると、弘法大師に会えると信じられているという。弘法大師は今も元気で、四国を巡っているのだ。あるいは、どこかの茶店で横に座った老人が弘法大師だったかもしれない。四国遍路の弘法大師は伝説から抜け出した身近な存在でもある。

そして、そのような身近な弘法大師とともに行く四国遍路の旅には、限りない功徳があると考えられている。遍路は単なる旅ではない。一歩一歩、功徳を積んで行く旅だ。そして、その功徳は人生のどこかで思いがけない果報をもたらす。その一歩一歩を弘法大師が優しく導いてくれる。

# コラム⑮ 魔除けの護符——「角大師《つのだいし》」の伝説とは？

民家の玄関先などに、角の生えた西洋の悪魔のような姿を描いたお札を見かける。これは「角大師」といわれる魔除けのお札で、主に天台宗の寺院で配られるものだ。

実はこの「悪魔」の正体、良源（九一二～九八五）というれっきとした実在の人物なのである。彼は近江《おうみ》（滋賀県）の生まれで、比叡山で出家して修行に励んだ。そして、メキメキと実力をつけ、ついに天台座主《ざす》（天台宗のトップ）に昇った人である。

▲角大師

天台宗の開祖である最澄ののちに天台宗を復興したことから、天台中興《ちゅうこう》の祖と仰がれた。また江戸時代に天台座主に昇り、東叡山《とうえいざん》（上野・寛永寺《かんえいじ》）を建立した天海《てんかい》とともに、「両大師《りょうだいし》」とならび称されている。さらに、正月三日に亡くなったことから、「元三《がんさん》大師」ともいわれて親しまれている。

良源は修行や規律に非常に厳しく、また、いかめしい顔をしていた。そのため、弟子たちに恐れられていたという。ある日、良源が魔除けの護摩《ごま》を焚いているところを弟子がこっそり見ると、角の生えた鬼の姿をしていたという伝説がある。そして、その姿を写して護符としたものが「角大師」のお札である。魔除けに霊験ありとして、今でもこれを寺でもらって来て、玄関先などに貼ってあるのを見かけることが少なくない。

# 第8章

# 寺院の行事&四季の仏事

## 「転読会《てんどくえ》」――お経の拾い読みとは？

大勢の僧侶が、蛇腹折《じゃばらおり》の経本をバラバラとめくりながら読経する。そんな光景が、テレビのニュースなどで紹介されることがある。一見、アコーディオンを弾きながら合唱しているような奇妙な光景が展開される。いったい、お坊さんたちは何をしているのだろうか。

実はこれ、「転読会」または「転経会《てんぎょうえ》」と呼ばれる仏教の重要な法会《ほうえ》（行事）なのである。読経《どきょう》する場合、お経の最初から最後まで通読するのがふつうで、これを「真《しん》読《どく》」という。それに対して、お経の題目（タイトル）や冒頭、中間、末尾の数行を拾い読みする読経のやり方を「転読（または、転経）」と呼び、その転読をする法会が転読会なのである。

『般若心経』のような短いお経なら、数分で読み終えることができるが、中には電話帳で何冊分にもなる長いお経がある。これをすべて通読していたのでは、法要の限られた時間内に読み終えることは不可能だ。そこで、考え出されたのが転読という方法なのだ。

ちなみに、忙しい現代人もいわゆる飛ばし読みや拾い読みをして、内容の概略を理解することがある。しかし、転読はこれとは性質の異なるもので、声を出して読むと自体に神聖な価値がある。だから、拾い読みをしても、すべてを読んだのと同じ功徳があるとされている。

現在でも広く行なわれているのが「大般若経転読会《だいはんにやぎょう》」という法会だ。これは『大般若経』(注72)という六百巻もあるお経を、何人もの僧侶が分担して読んでいくものである。そして、この転読に使われるのが、いわゆる経本折《きょうほんおり》(蛇腹折)のお経だ。これを開いたり閉じたりするために、ちょうどアコーディオンを弾いているように見えるのである。

また、転読と同じような発想で作られたものに、「転輪蔵《てんりんぞう》」あるいは「輪蔵」と呼ばれるものがある。これは経典を納める経蔵《きょうぞう》(経典の図書室)の一種だ。堂内に経典を納めた六角形や八角形の経箱を設置し、軸を中心にそれが回転するような構造になっている。そして、この経箱を一回転させると、中に入っているすべての経典を読んだことになるというものだ。

転輪蔵は中国で考案されて日本に伝えられ、鎌倉時代ごろから流行した。京都の知恩院には、江戸時代に作られた転輪蔵がある。このほか、各地にも点在する。

注72　空の思想を説いた大乗仏教の根本経典で、600巻もある大冊。この教えを264文字に凝縮したのが『般若心経』である。

# 東大寺の「お水取り」とはどんな法会《ほうえ》なのか

奈良の東大寺では毎年二月に「お水取り」が行なわれ、大勢の参詣者が押しかける。一般にはお水取りの名で知られているが、実はこの行事は二月に行なわれる「修二月《しゆにがつ》会《え》（修二会《しゆにえ》ともいう）」の中の一つなのである。

修二月会は正月に行なわれる修正会《しゆしようえ》と同じく国家安泰を祈願する法会だ。修正会が中国に起源を持つのに対して、修二月会はインド起源の行事だという。そして、インドの新年は日本の旧暦二月にあたるので、二月の初めに行なわれるようになった。

日本では天平勝宝四年（七五二）、東大寺開山の良弁《ろうべん》の弟子、実忠《じつちゆう》が感得した不空《ふくう》羂索観音《けんじやくかんのん》をまつる羂索院（通称、二月堂）が完成したのを記念して行なわれたのが初めである。その後、興福寺や薬師寺などの大寺でも毎年行なわれるようになった。

現在、東大寺では三月一日から二十七日（新暦）の長期間にわたって行なわれるが、その期間中、毎日、「六時礼拝《ろくじらいはい》」（注73）を欠かさないほか、「湯屋の儀《ゆやのぎ》」と呼ばれる古式に則った食事の作法を実践する。そして、十三日目の三月十三日の深夜に行なわれるのがお水取りで、「閼伽井《あかい》」の水を汲んで、不空羂索観音に供える行事だ。後世、

注73　1日6回、決められた時間に読経をして仏を礼拝すること。礼拝の時間は朝、日中、日没、初夜、中夜、後夜の6回とされている。

修二月会のクライマックスとして有名である。

お水取りの一連の行事は三月十二日の午後七時ごろから、堂童子《どうどうじ》（大寺でさまざまな雑役をする人）が大きな籠松明《かごたいまつ》を持って振り回す。これを「噠陀《だったん》の火」といい、一連の修二月会の中で最も見ごたえのある行事だ。これが終わると、いよいよ閼伽井に水を汲みに行く。僧侶たちは柳の木で作った「牛王杖《ごおうづえ》」という長い杖を突き、法螺貝《ほらがい》や金剛鈴《こんごうれい》を持ち、堂童子に松明を持たせて、導師に先導されて二月堂を出る。途中、良弁杉《ろうべんすぎ》という杉の木の側にある祠堂で祈願し、すぐ横の閼伽井で水を汲む。

閼伽井は回りを小屋で囲ってあり、これを閼伽井屋《あかいや》と呼ぶ。閼伽井屋はお水取りのときにだけ開かれ、周囲を僧侶たちが警護する中、導師が桶に三杯の水を汲む。汲み上げた水は僧侶たちが二月堂に運んで供え、堂内では明け方まで法要が続けられる。

三月十二日の夜の噠陀の火と、翌日の早朝に行なわれる閼伽井の水を汲み上げる一連の行事を、俗に「お水取り」といっているのだ。ちなみに、噠陀の火は疫病退散を祈るもので、節分の行事の原型といわれている。

▲松明が運ばれる

## 「延年《えんねん》の舞《まい》」とはどういう行事なのか

もともと延年の舞は、寺院の大きな法要などの余興として行なわれる僧侶たちによる演芸大会だった。古くより、舞うと「遐齢延年《かれいえんねん》」、すなわち延命長寿になるといわれていた。そこから、延年の舞と名づけられた。

これは昔から行なわれていた宮中の舞楽《ぶがく》を中心に、さまざまな芸能を組み入れて構成したものだ。「遊僧《ゆそう》」と呼ばれる演芸を専門とする僧侶（注74）の舞や稚児《ちご》の舞、問答を演芸化した「連事《つらね》」「当弁《とうのべん》」などと呼ばれる雄弁術など、その演目は非常にバラエティに富んでいる。もともと法要の余興だから、僧侶や参詣者が、一日ゆっくり楽しめるように構成されているのである。

このようなプログラムで行なわれる延年の舞は、平安時代の末から鎌倉時代にかけて盛んになった。興福寺や東大寺、平等院、醍醐寺などの奈良、京都の大寺、あるいは、広島の厳島《いつくしま》神社、九州の宗像大社《むなかたたいしゃ》などで盛大に行なわれていたことが記録に残っている。もともと延年の舞は寺院の行事の一つだが、神仏習合の時代（明治維新以前）には神社でも行なわれていたのである。

注74　僧侶の役割は早くから分化されていた。遊僧は出家して寺院に住み込み、いちおう修行もするが、主に歌謡や舞踊、演劇などの稽古に努めた。武蔵坊弁慶でお馴染みの僧兵《そうへい》も僧侶の身分ではあるが、日々、武芸の修練に励み、寺院の警護にあたる専門職だ。

しかし、寺院での延年の舞は室町時代の後半には衰え、元文《げんぶん》四年（一七三九）に奈良の興福寺で演じられたのが最後とされている。そして、演目の一部は能や歌舞伎の中に取り入れられていった。現在でも、歌舞伎の演目の中には「糸車《いとぐるま》」という舞がある。これは本来、延年の舞の定番だったのが、歌舞伎に取り入れられたものだ。また、能の中にもかつては延年の舞で演じられていたものが少なからず見られる。

そして、近年になって、これら歌舞伎や能に取り入れられたものや、興福寺の式次第などを参考にして、延年の舞が復活した。現在では、栃木県・日光の輪王寺《りんのうじ》や岩手県・平泉の毛越寺《もうつうじ》などで古式ゆかしく行なわれている。輪王寺では五月七日の東照宮祭礼のときに、毛越寺では一月二十五日に催されている。

▲延年の舞（平泉・毛越寺）

## なぜ仏事《ぶつじ》を延ばしてはいけないのか

昔から結婚式などの祝いごとは延期してもかまわないが、年忌法要《ねんきほうよう》などの仏事は延ばしてはいけないといわれている。なぜ、そんなことがいわれるのだろうか。

実は仏事の中でも延ばしてはいけないのは七七日《しちしちにち》、つまり四十九日《しじゅうくにち》の法要なのだ。人が亡くなってから四十九日の間は中陰《ちゅういん》（または中有《ちゅうう》）といわれ、この期間、死者の霊は成仏《じょうぶつ》しないでさまようといわれている。だから、七日ごとにお経を読んで供養し、霊が無事成仏することを願うのである。

そして、四十九日目を「満中陰《まんちゅういん》」といい、この日に死者はめでたく成仏することになる。しかし、この期間に七日ごとの供養を怠ったり、供養の仕方を誤ったりすると、死者の霊は悪霊となってさまよい続けると考えられている。

したがって、一般に火葬にしたお骨《こつ》は、四十九日の法要が済んだのち、納骨するのである。それ以前に納骨すると、霊が迷い、墓所に安住することができない可能性があるからだ。そして、四十九日の法要を終え、納骨も済ませたあとに香典返しをすることが一般的になっている。その場合、香典返しの品に同封した挨拶状に「無事、満中陰を済ませました」などという文句が必ず書かれている。ただし、近年では都市部を中心に、葬儀に引き続いて四十九日の法要をまとめて済ませてしまうことが多く、四十九日の満中陰を待たずに納骨するケースが増えている。

このように、四十九日目の満中陰の法要は非常に重要な意味を持つ。そして、この法要を延ばしてはいけないというのは、次のような理由によるのである。

たとえば、四月の十三日までに亡くなった場合、四十九日目は五月の末日以前で、その期間は二ケ月以内におさまる。しかし、同月の十四日以降に亡くなった場合には、六月一日以降が四十九日になって、中陰の期間が三ケ月にまたがってしまう。これを「始終苦《しじゅうく》が身《み》につく」といって禁忌するのだ。つまり、始終苦（四十九）が身につく（三月《みつき》にわたる）、苦しみが年がら年中つきまとうという意味だ。

だから、たとえば四月十四日に亡くなった人の四十九日の法要は、これを繰り上げて五月の末日までに行なわなければならないのだ。

これはもともと語呂合わせの俗信である。だが、いつのころからか民間に広く浸透するようになった。そして、後には四十九日ばかりでなく、仏事全般を延ばしてはいけないというのが、常識となったのである。

ちなみに、亡き人の霊は三十三年たつと完全に成仏し、仏となって生きている者を守ってくれるという。だから、三十三回忌が最後の法要となる（注75）。

注75　五十回忌などを行なう場合もあるが、これはもともと仏教の年忌法要にはないものだ。七七日（四十九日）の後は、百箇日、一周忌、三回忌、七回忌、十三回忌、三十三回忌で、都合、十三回の法要を営むことになる。また、十七回忌、二十三回忌など奇数年ごとに法要を営むこともあるが、これは寺院の営業上の都合によるものだ。

# 花祭のとき、釈迦像に甘茶《あまちゃ》をそそぐ訳

日本では四月八日が釈迦の誕生日とされている。この日には各地の寺院で花御堂《はなみどう》（注76）を作り、小さな釈迦の像に甘茶をそそいで、その生誕を祝う。この行事は甘茶をそそ（灌）ぐことから、正式には「灌仏会《かんぶつえ》」という。灌仏会に花御堂を作り、甘茶をかけるのは、釈迦誕生にちなむ次のような伝説による。

釈迦の父は浄飯王《じょうぼんのう》といい、北インドのカピラヴァストゥという国の王様、母親の摩耶夫人《まやぶにん》はその隣国の皇女だった。摩耶夫人は臨月が近づくと、その実家に帰って出産を迎えようとした。その途中、ルンビニーというところの花園に差しかかった折、美しく咲いているアショーカという花を手折ろうとして手をのばした。そのとき、にわかに産気づき、その右脇腹から釈迦が生まれ出た。生まれた

▲花御堂

注76　四本柱の上に小さなピラミッド型の屋根を取り付け、その屋根の上を花で飾ったもの。かつては、生花を用いたが、今ではほとんど造花で飾る。

ばかりの釈迦は七歩あるき、右手を空に向け、左手を地に向けて「天上天下唯我独尊《てんじょうてんげゆいがどくそん》」と言ったという。つまり、天上でも地上でも私だけがいちばん偉いのだと、宣言したのである。

そして、釈迦が生まれたときに、竜が天から降りてきて香水をそそいだといわれている。このことから、灌仏会には釈迦像に甘茶をそそぐようになったのである。香水は甘露《かんろ》と呼ばれる不死の妙薬で、蜜のように甘いともいわれている。そこで、ほんのりとした甘味を持つ、甘茶が用いられたようである。

ちなみに、甘茶はアマチャ、またはアマチャヅルの葉を蒸してもみ、乾燥させたものだ。番茶などのように、少し煮出して飲む。アマチャはガクアジサイに似た灌木、アマチャヅルはウリ科のつる草で、どちらも日本の山野に自生する。

灌仏会では、花御堂の中に二〇センチほどの小さな誕生仏を安置し、その下に金属製の受皿を置いて甘茶を受ける。四月八日には、この花御堂を本堂の前にまつり、参集した人々が誕生仏の頭の上から柄杓《ひしゃく》で甘茶をかけ、釈迦の誕生日を祝うのである。

ところで、江戸時代にはちょっと変わった灌仏会の風習が流行したという。灌仏会に用いた甘茶を寺から分けてもらい、この甘茶を墨代わりにして「ちはやぶる　卯月《うづき》八日は　吉日よ　かみさけ虫を　成敗《せいばい》ぞする」という歌を紙に書きつける。これを室内に貼って、虫除けのまじないにしたというのである。

# 彼岸を大事にする日本人の心とは？

春秋の彼岸は日本人にとって、盂蘭盆会《うらぼんえ》とともに最もなじみの深い仏教行事である。彼岸は、サンスクリット語でパーラミターという。この音に漢字を当てて「波羅蜜多《はらみった》」といい、意訳して「到彼岸《とうひがん》」という。彼岸とは悟りの世界、すなわち「仏の世界」である。われわれが住む此岸《しがん》（迷いの世界）から、迷いのない仏の世界を指して彼岸というのだ。俗にいう「あの世」である。

春分の日と秋分の日を彼岸の中日《ちゅうにち》と定め、その日を挟んで前後各三日の七日間で営まれる法会が「彼岸会《ひがんえ》」だ。春分、秋分の両日は昼夜の時間が等しくなり、古くから「時正《じしょう》」「昼夜等分《ちゅうやとうぶん》」などといわれる最高の日である。万物のバランスが最もよくとれたこの日に、日ごろの怠惰を反省し、仏道精進《ぶつどうしょうじん》の機会にするための法要を定めたのが彼岸会の起源と考えられている。

つまり、この日を機に仏道に励み（仏教の教えに従って生活すること）、彼岸に到達しようとしたのだ。だから、彼岸にはお寺に参詣し、墓参をして、僧侶にお経を読んでもらったり、法話を聞いたりして、仏教に親しむのである。墓参をするのは先祖を敬い、供養することによって善行《ぜんぎょう》を積み、功徳《くどく》を得るためである。さらには、善行を先祖に振り向ける追善回向《ついぜんえこう》（第7章一六一ページの注70を参照）の意味もある。

彼岸会の習俗は日本独特のもので、インドや中国には見られない。日本では聖徳太子の時代に、彼岸会が行なわれたと伝えられる。時代が下ると、彼岸会の風習が各地に広まり、暦にも春秋の彼岸の日が定められるようになった。

敗戦後の昭和二三年（一九四八）には春分、秋分の両日は「国民の祝日」と定められた。そして、春分の日は「自然をたたえ、生き物をいつくしむ日」、秋分の日は「祖先をうやまい、亡くなった人をしのぶ日」とされている。ここに日本古来の彼岸会の習俗が復活したということができる。

また、日本では古くから稲作の始まる春と終了する秋に、田《た》の神祭《かみまつり》を行なっていた。田の神は祖先の霊とも考えられているから（注77）、田の神祭は祖先の霊を迎える祭でもある。これに仏教の風習が加味され、彼岸の習俗ができあがったと考えられている。いずれにしても日本人の魂に深く根ざした行事であることには間違いない。

▲彼岸の墓参

注77　古くから稲作を営んできた日本人にとって、田の神は稲の順調な生育を約束してくれる重要な神だった。その神と自分たちの今日を在らしめてくれている祖先の霊とを同一視したのである。

# お盆はどのようにして始まったのか

春秋の彼岸と並んで、日本人に最も親しまれている仏教行事がお盆である。お盆のことを正しくは「盂蘭盆会《うらぼんえ》」というが、盂蘭盆はサンスクリット語のウランバナの音写で、「倒懸《とうけん》」と意訳される。

倒懸というのは、逆さ吊りにされるような耐えがたい苦しみのことである。そして、盂蘭盆は地獄や餓鬼道《がきどう》（注78）などの悪処に落ちて、この苦しみを受けている死者を救うために営む法会なのである。『仏説盂蘭盆経《ぶっせつうらぼんぎょう》』という経典には、次のようなお盆の起源に関する話が述べられている。

昔、釈迦の十大弟子《じゅうだいでし》（釈迦の弟子の中でもとくに優れた十人）の一人に目連《もくれん》という人がいた。彼は若くして母親を失ったが、その母親が餓鬼道に落ちて苦しんでいることを知った。母親の姿を見て、大いに嘆き悲しんだ目連は、釈迦に相談することにした。すると釈迦は、ひとたび餓鬼道に落ちた者をにわかに救うのは難しいが、安居《あんご》（雨季の期間、僧院にこもって修行を積むこと）明けに僧侶たちに飲食を供養すると、最高の功徳《くどく》がある。だから、この日に修行僧たちにご馳走をすれば、その功徳で彼の母親も

注78　われわれが輪廻転生《りんねてんしよう》して生まれ変わるとされる、地獄の次に悪い世界。ここの住人は常に飢餓に苦しみ、腹いっぱい食べられるのは年に一度、施餓鬼会のときだけだ。

救われるだろう、と説いた。このように釈迦に教えられた目連は、安居明けの日を待って、修行僧たちに食事を供養したところ、母は餓鬼道から救われた。この故事にちなんで、盂蘭盆会が行なわれるようになった、というのである。

ただし、『仏説盂蘭盆経』というのは中国で作られた偽経《ぎきょう》（インドの経典に似せて作った経典）で、目連が母を救った話を賞賛して「孝《こう》（親孝行の孝）」の思想を広めるために作られたものだともいわれている。本来、インドで行なわれた盂蘭盆の行事は、先に述べたように安居明けに修行僧たちに食事をふるまうものである。僧侶たちにとっては、厳しい修行に耐えた後の一種の打ち上げだったのだ。

しかし、中国では『仏説盂蘭盆経』によって盂蘭盆会が一般に普及し、後に本来の意味が転じて祖先の霊を供養する行事となった。これが日本にも伝えられてお盆の行事となったのだ。しかも、目連が餓鬼道に落ちた母を救ったというエピソードから、施餓鬼会《せがきえ》を一緒に行なう場合もある。

▲六道参《まい》り（京都・六道珍皇寺）

# 縁日《えんにち》とはどんな日なのか

寺社の境内にさまざまな物を売る露店が並び、参詣者で賑わう縁日は、いくつになっても興味を引かれ、心ときめくものである。現在でも、全国各地でさまざまな縁日が開かれている。この縁日というのは、一体どういう日なのだろうか。

縁日は「有縁日《ゆうえんにち》」または「結縁日《けちえんにち》」の略である。もともと仏門に入る因縁のある日という意味だった。つまり、人が仏教の教えに出会い、その教えに基づいて生きていくチャンスを与えてくれる日が縁日なのである。したがって、元来、人によって異なる縁日があるのだ。ところが、いつのころからか、特定の日を縁日と定め、この日に寺社に参詣すると大きな功徳があるといわれるようになった。

縁日の起源は中国にあると考えられている。唐代《とうだい》（七世紀ごろ）以降、涅槃会《ねはんえ》（釈迦の命日）や灌仏会（釈迦の誕生日）、開山忌《かいざんき》（寺院を開いた僧侶の命日）や盂蘭盆会、仏・菩薩の示現日《じげんび》（仏・菩薩が人々を教え導くために種々の姿を現わす日）などが縁日とされ、露店や大道芸などが出て大いに賑わったといわれている。

日本にも、このような風習が早くから伝えられた。仏・菩薩の示現日や開山忌、あ

注79　天神と稲荷は神社の信仰。前者は菅原道真《すがわらのみちざね》をまつった太《だ》宰府《ざいふ》天満宮や京都の北野天満宮を、後者は京都の伏見稲荷大社を総本社として、全国的に広まった。もともと仏教に由来する縁日は、神仏習合の時代に神社にも設けられたのである。

るいは高僧の命日などが縁日と定められ、鎌倉時代ごろから寺社の境内に市が立ち、賑わうようになったという。

毎年、七月十日前後は観音菩薩の示現日で、この日はとくに「四万六千日《しまんろくせんにち》」と呼ばれている。この日に参詣すると四万六千日分の御利益があるといわれ、今でも東京・浅草の浅草寺をはじめ多くの寺で行なわれている（第７章一五二〜一五三ページを参照）。このように神仏の示現日を縁日としたものには、毎月五日の水天宮《すいてんぐう》、七日・十三日の閻魔王《えんまおう》、八日・十二日の薬師如来、二十五日の天神《てんじん》、二十八日の不動明王、巳《み》の日の弁才天、午《うま》の日の稲荷などがあり、全国で広く行なわれている（注79）。

また、毎月二十一日には弘法大師の縁日が行なわれる。これは弘法大師空海の命日にちなんだもので、東寺《とうじ》（京都）の「弘法さん」が有名である。さらに、日蓮宗では毎月十三日が日蓮上人の縁日になっている。とくに十月十三日の祥月命日《しょうつきめいにち》は「お会式《えしき》」と呼ばれ、日蓮終焉の地である東京・池上本門寺《いけがみほんもんじ》をはじめ各地の日蓮宗寺院で万灯《まんとう》供養などの行事が盛大に行なわれる。

▲縁日の露店

# コラム⑯「お中元」とお盆の関係とは？

今日、関東や東海地方の都市部では七月十三日から十六日の朝にかけて、関西や関東などの郡村部では八月に同じ日取りでお盆の行事を行なう。この期間に盂蘭盆会《うらぼんえ》が行なわれるようになったのは、江戸時代以降のことだ。この日程はもともと中国の古い習俗に基づいている。

中国では一月十五日を「上元《じょうげん》」、七月十五日を「中元《ちゅうげん》」、十月十五日を「下元《かげん》」と称し、いずれも重要な祭日とされた。とくに中元には、一年の無事を祝って盛大な祭が行なわれたのである。

また、この日には地獄の諸王が死者の生前の罪を裁くと信じられていた。これにインドから伝えられた盂蘭盆会の風習などがミックスして、亡くなった先祖の供養をする日になったのである。

この風習が日本に伝えられ、江戸時代には七月十五日を挟んだ四日間を、お盆の期間と定めたのである。また、このころから中元に存命の父母などに贈り物をする「生《い》き御霊《みたま》（または「生き見玉《みたま》」）」という習俗が生まれた。

生き御霊というのは、両親が健在な者だけが行なう盆の行事である。お盆の時期に子供たちが、両親に魚を贈って食べてもらい、また、子供たちも必ずそれを食べる。

かつては、中元を前にした旧暦七月八日から十三日までの間に、この行事が行なわれていたという。後には、魚ばかりでなく、さまざまな祝いの品を贈るようになった。これが現在も行なわれている「お中元」の習慣として定着したのである。

生き御霊の由来について、はっきりしたことは分からない。おそらく中国では中元が一年の無事を祝う祭だったことによるのではないか。つまり、お盆の時期に祖先の霊に供養するとともに、生き御霊（生きている者の霊）である父母の長命を祝い、供養したのだろう。また、子供たちが必ず父母とともに魚を食べるというのは、神道《しんとう》の直会《なおらい》（祭や神事《しんじ》のあとの宴で、神職や氏子が神に捧げた食べ物〈神饌《しんせん》〉のお下がりをいただくことで、神のエネルギーが授かると考えられている）の習慣がミックスしたものと思われる。

生き御霊の父母を神と見立て、人間が神と同じものを食べることによって、そのエネルギーを頂戴する。つまり、父母の長寿を祝うとともに、それにあやかるという意味があるのだろう。

最後に盆の時期についてだが、冒頭に述べたように現在では七月と八月の十五日を中心に行なわれている。このように二つに分かれたのは、明治になって太陽暦を採用してからのことだ。

つまり、新暦の七月半ばごろはまだ農事に忙しい時期なので、農村部では旧暦でお盆を行なうようになった。現在でも各都市の中心部では七月、郊外では八月に行なっているところが多い。東京や神奈川の大都市近郊にも、旧暦のお盆の風習が残っているところがある。

また、京都を中心に関西で八月に行なうのは、古式を踏襲したものと考えられる。

ちなみに、お盆の行事は、全国各地の風習などと結び付いて、きわめて複雑でバリエーションに富んだものになっている。正月のお雑煮の作り方が各地で異なるように、お盆も各地に独特の行事が残されている。

しかし、初日に迎え火を、最終日に送り火を焚くことだけは、全国共通だ。八月十六日の夜に行なわれる、京都の「五山の送り火」はお盆の送り火の代表である。

# コラム⑰「駆け込み寺」――東慶寺の由来

神奈川県鎌倉市の東慶寺《とうけいじ》は「駆け込み寺」「縁切り寺」の通称でよく知られている。もともと、東慶寺は鎌倉幕府の執権《しっけん》・北条時宗《ほうじょうときむね》の夫人が建てた尼寺だった。弘安《こうあん》八年（一二八五）に時宗が亡くなると、夫人はその菩提《ぼだい》を弔うために出家して覚山尼《かくざんに》と名乗り、この寺を建立した。

覚山尼は夫の菩提を弔いながら、この寺で余生を送るつもりだった。当時は夫が亡くなると、出家して、静かに生涯を送るということが珍しくなかった。覚山尼もこれにならったのである。

ところが、出家してしばらくすると、覚山尼は、当時の封建社会での女性の地位が不当に低いことを憂慮するようになった。そして、この寺を女性救済の根拠地にしようと決意したのである。

かつて日本の封建社会では、男性は一方的に妻を離縁することができた。これに対して、妻の方はいかなる理由があっても離婚を申し立てることができなかった。そして、思い余って逃げ出しても追っ手が来て、連れ戻されるケースが多かった。このため、女性はひとたび結婚すると、どんな悲惨な生活にも耐えなければならなかったのである。

そこで覚山尼は、妻が東慶寺に駆け込んで三年間修行すれば、離婚が成立するという寺法《じほう》（寺の法律）を作り、追っ手が寺内に入ることを厳禁する構想を立てた。そして、息子の北条貞時《さだとき》を介して、この寺法に天皇の許可を賜るよう働きかけた。貞時もこの趣旨をよく理解して奔走し、縁切りの寺法は正式に朝廷から認められた。

そして、東慶寺の住職は朝廷から紫衣《しえ》（最上級の僧侶にのみ着用が許された紫色の衣）を賜り、尼宮御《あまみやご》所《しょ》の資格を与えられた。さらに、後醍醐《ごだいご》天皇の皇女が出家して住職を務め、室町時代には「尼寺五山《にじござん》（尼寺の中でとくに重要な五ケ寺）」にも数えられた。また、豊臣秀頼《とよとみひでより》の娘の天秀尼《てんしゅうに》など、皇族や有力者の娘が歴代の住職を務めて、寺格は時代とともに高まった。

ちなみに、寺法では三年間の修行期間が定められていたが、実際には妻が寺内に逃げ込むと、夫は諦めて離縁状を書かざるを得なかったようだ。朝廷の勅許を得た寺法は、まさに伝家の宝刀だったのである。

▲東慶寺

これが、東慶寺が縁切り寺、駆け込み寺と呼ばれる由縁である。以降は、全国の尼寺が縁切り寺の機能を果たすようになった。しかし、江戸時代には幕府の統制によって東慶寺と上野国《こうずけのくに》（群馬県）の満徳《まんとく》寺《じ》だけにその特権が認められた。

徳川幕府が二寺だけに特権を認めたのは、戸籍を明確にしておくためだった。幕府は檀家《だんか》制度を作って、全国の寺院に人別改《にんべつあらため》を行なわせた。全国民の所在を完璧に把握して、一揆などの不穏な動きを未然に防ごうとしたのである。

しかし、全国の寺院で縁切りが認められると、幕府の目の届かないところで離婚した女性の所在が不明になる恐れが出てくる。そこで、幕府の直轄地にある二寺に縁切り寺の機能を集約したのである。

けれども、そのような統制の結果、東慶寺の名は諸国に知られるようになり、離婚志願者が殺到した。門前にはこれらの女性を泊める専門の宿が立ち並ぶ盛況ぶりだったという。女性たちは門前の宿に逗留して、東慶寺に入る順番を待ったのである。

ちなみに、江戸時代には有名な「三行半《みくだりはん》」という離縁状が登場する。これは、夫が離婚の理由を三行半の短い文章に記した簡単なものだ。これ一枚で夫は妻を即座に離縁することができたのだ。しかも、その三行半も文字を書かずに、ただ筆で三本半の線を引いただけというものが通用したという。儒教《じゅきょう》精神に基づく男尊女卑《だんそんじょひ》の風潮が強まった江戸時代には、女性の地位はどん底に落ちたのである。

しかし、明治維新以降、旧体制が崩れる中で縁切り寺も様変わりした。明治の中ごろには大日本帝国憲法が公布された。民法も整備されて、女性の離婚請求権が法的に認められるようになった。それに伴って縁切り寺法も役目を終えたのである。

# 第9章

# 柿食えば鐘が鳴るなり法隆寺

# 古都の名刹《めいさつ》、法隆寺の歴史

日本の寺院で、知名度が抜群に高いのは法隆寺だ。

推古天皇一五年（六〇七）に聖徳太子と推古天皇が、用明天皇（推古天皇の兄で聖徳太子の父）の病気平癒を祈願して薬師三尊像をまつった。これが法隆寺の起源であると伝えられている。そして、推古天皇三〇年（六二二）に太子が没すると、妃らが釈迦三尊像をまつって、太子の菩提《ぼだい》を弔《とむら》った（注80）。これが現在、金堂《こんどう》の本尊として安置されているものである。この時代に金堂や五重塔などの伽藍《がらん》が完成したと見られるが、『日本書紀《にほんしょき》』には天智《てんじ》天皇九年（六七〇）に全焼したと記されている。しかし、歴代の天皇などの保護によって再建され、奈良時代には現在見られるような伽藍が完成したらしい。

その後、奈良時代に行信《ぎょうしん》という僧侶が太子の遺徳を偲び、太子が生前、住まっていた宮殿の跡に上宮王院《じょうぐうおういん》という建物を建てた。これが、夢殿《ゆめどの》を中心とする現在

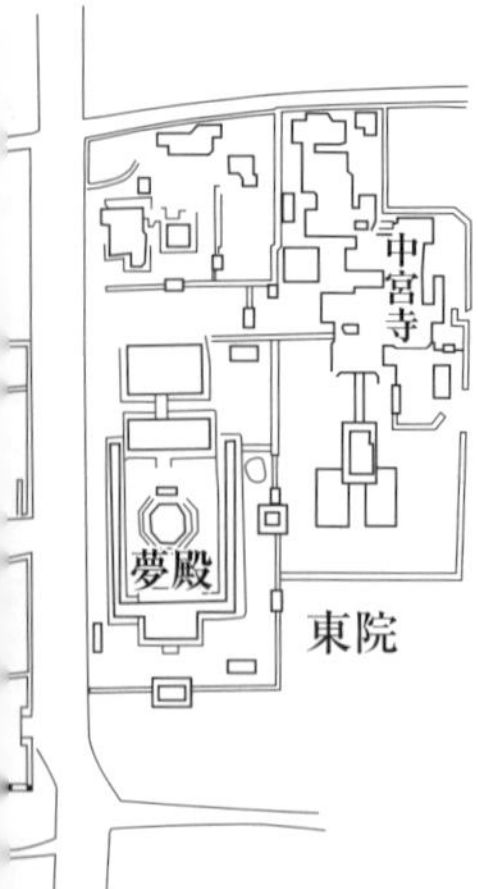


注80　ただし、近年の研究では、薬師三尊像よりも釈迦三尊像の方が早く造られたという見方が有力になっている。前者は白《はく》鳳時代の仏像の特色を示しているのに対し、後者がそれよりも古い飛鳥《あすか》時代の仏像の典型だからである。

の東院《とういん》伽藍である。

聖徳太子はすでに在世時代から伝説化されていたといわれる。亡くなってしばらくすると聖人、聖徳太子に対する信仰が生まれた。そして、太子が創建に関わり、太子の遺徳を偲ぶ東院のある法隆寺は、聖徳太子信仰の聖地として、多くの人々の心を惹きつけるようになった。

奈良時代には、歴代の天皇などから特別な保護を受けて発展し、法相宗《ほっそうしゅう》の大本山として、また仏教研究の中心としても栄えた。平安時代以降は、盛衰を繰り返したが、飛鳥時代の威容を現代に伝えている。異称を法隆学問寺、あるいは斑鳩《いかるが》寺《でら》ともいう。昭和二五年（一九五〇）、法相宗より独立して、聖徳宗を開き、総本山となった。

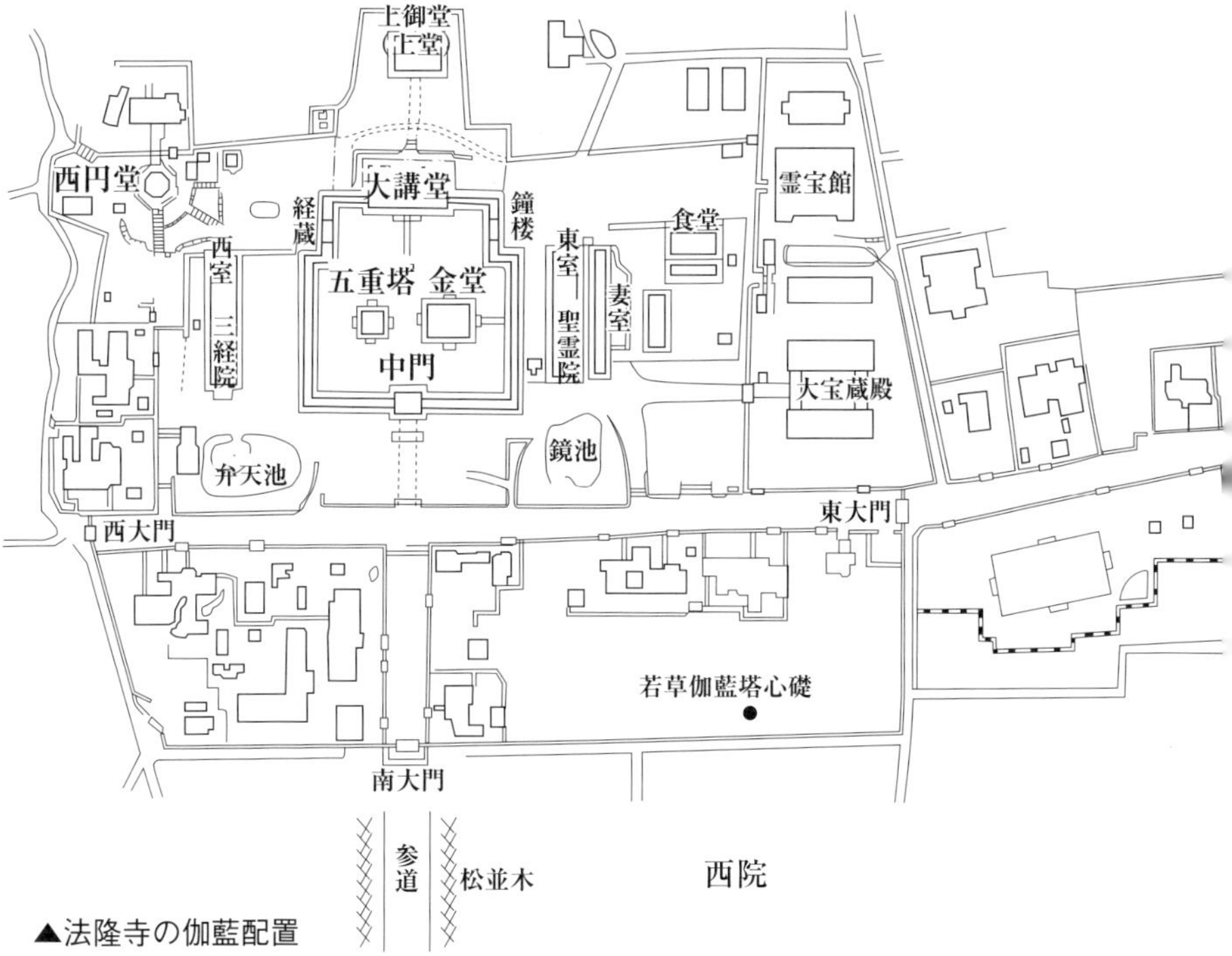


▲法隆寺の伽藍配置

# 法隆寺の総門《そうもん》とは？

▲南大門

国道から二〇〇メートルほど続く松並木を通りぬけたところに南大門《なんだいもん》がある。もとは中門《ちゅうもん》の前の石段の付近にあったが、平安時代に寺域を拡張したときに現在の場所に移築されたと伝えられている。創建当初の門は永享《えいきょう》七年（一四三五）に焼失した。現在の門は、その三年後に再建されたものだが、金堂や五重塔などの伽藍《がらん》ともよくマッチして、落ちついたたたずまいを見せている。この門が西院《せいいん》（金堂が中心）と東院（夢殿が中心）を含む広大な寺域に入る総門《そうもん》（注81）である。

注81　寺院の最も外側にある門で、正門にあたる。古くは大門と呼ばれ、大寺では東西南北に大門を設ける。初期の寺院は南面して建てられたため南大門が正面にあたり、いちばん大きく造られる。禅宗寺院などでは総門をくぐった先に三門がある。

# そもそも中門の特徴とは何か

南大門から中門へは、両側を築地塀《ついじべい》に挟まれた白砂の参道を一〇〇メートルほど進む。重層《じゅうそう》（二階建）の中門は奈良時代前期の建築で、国宝に指定されている。四間《しけん》二戸《にこ》（柱の間が四つ、入口が二つ）と柱間が偶数になる異例の門で、両側に金剛力士像《こんごうりきしぞう》（仁王）を安置する。南大門ではなく、中門に金剛力士像を安置するのは、飛鳥《あすか》・白鳳《はくほう》時代の寺院の特色だという。

中門の左右から回廊《かいろう》が延び、金堂と五重塔を囲んでいる。中門から延びた回廊が金堂や塔を囲むのも、飛鳥・白鳳時代の伽藍配置の特徴だ。

昭和三〇年代までは中門が拝観の入口だった。現在は中門を使わず、西側の門から入り、東側の門から出るようになっている。

▲四間二戸の中門

# 金堂《こんどう》に安置されている仏像とは？

金堂とは本尊をまつる建物をいう。法隆寺の金堂は飛鳥時代の建立で、国宝に指定されている。重層入母屋造《いりもやづくり》の建物で、一階の屋根の下部に板葺きの裳階《もこし》（注82）が取り付けてある。一階の屋根よりも二階の屋根の方が面積が小さく、下から見るとピラミッド型になっている。

堂内中央には本尊の釈迦三尊像をはじめ、聖徳太子が創建当初に安置したという薬師三尊像（本章一九〇ページを参照）、平安時代に造られた阿弥陀如来像がまつられている。その回りには、四天王、毘沙門天、吉祥天など数々の仏像が安置されている。また、堂内の壁画は昭和二四年（一九四九）の火災で焼失したが、現在は復元されている。

▲金堂

注82　屋根の下部につけられる庇《ひさし》の一種で、ふつうは板葺きのものが多い。しかし、薬師寺の三重塔などは、各層の下部に瓦葺きの立派な裳階をつけているため六重塔に見える。

# 五重塔の姿かたちが美しい理由

高さ三二メートルの五重塔は飛鳥時代の建立。わが国最古の塔で、国宝に指定されている。最下層に板葺きの裳階を取り付け、金堂と同じように、上に行くほど屋根の面積が小さくなって、美しいフォルムを現わしている。

▲日本最古の五重塔

注83　維摩居士は在家ながら仏教の奥義に通じ、釈迦の弟子たちも彼と問答すると、たじろいだという。そして、釈迦の弟子の中でも優れた智慧を持つことで知られる文殊菩薩だけが、対等に渡り合うことができた。二人の問答の場面は経典にも有名で、仏像のモチーフとしても用いられる。

また、長さが塔全体の三分の一もある相輪《そうりん》（塔のいちばん上にある金属製の柱。第2章四四〜四五ページを参照）が、バランスよく載せられている。ピラミッド型の塔の頂上に載せられた長い相輪が、塔の姿をより美しく見せている。

最下層の内部には釈迦の涅槃《ねはん》（死）の場面や文殊《もんじゅ》菩薩と維摩居士《ゆいまこじ》の問答（注83）の場面などを表わした塑像《そぞう》（粘土で造った仏像）が、四面に安置されている。現存する塑像は九十五体、どれも白鳳時代を代表する作品で国宝に指定されている。

また、中央の心柱《しんばしら》の下部には仏舎利《ぶっしゃり》（注84）が安置されていたという。地下一・五メートルのところに埋め込まれた花崗岩《かこうがん》の礎石に穴を穿《うが》ち、その中の舎利容器（骨壺）に六粒の舎利が納められていたという。これは、塔の補修工事のときに柱をずらしたところ、偶然に見つかったものである。

注84　インドの古い言葉（サンスクリット語）で釈迦の遺骨のことをシャリーラといい、これの音に漢字を当てて舎利という。仏滅後、100年ほど経ってから釈迦の遺骨は細かく粉砕されて、インド各地の仏塔に納められた。多くの仏塔に公平に納めるために砕かれた釈迦の遺骨は、ちょうど米粒ぐらいの大きさだったという。そこから、日本では米粒のことをシャリと呼ぶようになった。

## 大講堂は何に使われていたのか

回廊の北側にある大講堂は、その昔、僧侶が仏教の講義を聴いたり、問答をしたりして研鑽を積んだ建物だ。平安時代に再建されたもので、国宝に指定されている。かつては回廊の外側にあったというが、現在は回廊につながっている。堂内には、国宝の薬師三尊像や四天王像などを安置している。

このほか、回廊の西側には、かつて僧侶の住居であった国宝の西室《せいしつ》や西円堂《せいえんどう》、重文の地蔵堂などがある。ともに鎌倉時代の建築である。さらに回廊の東側にある鏡池《かがみいけ》（注85）の前には、やはり鎌倉時代の建築で国宝の聖霊院《しょうりょういん》がある。ここは聖徳太子をまつるお堂で、中に聖徳太子像（国宝、平安時代）をはじめ、如意《にょい》輪《りん》観音像《かんのんぞう》などの仏像を安置する。

▲大講堂

注85　かつてはこの池の前に一軒の茶店があった。この茶店でひと休みした俳人、正岡子規は、「柿くえば　鐘が鳴るなり法隆寺」の一句を作ったという。

# 夢殿《ゆめどの》という名の由来とは？

聖霊院の側にある鏡池の前の道を東に進むと東大門《とうだいもん》があり、その正面に国宝の夢殿がある。この建物は奈良時代に建てられた東院《とういん》伽藍の中心で、八角形の建物の屋根の頂点に宝珠《ほうじゅ》（桃の実のような形のもの）が載っている。創建は聖徳太子の没後だが、後世、太子がここに籠って仏から夢の知らせを受けたという伝説がある。

夢殿の本尊は救世《くせ》観音。飛鳥時代の作で、国宝に指定されている。この像は明治の初めまで絶対秘仏とされていて、法隆寺の僧侶も拝むことができなかった。そのため、保存状態が良く、造立当時の姿を保っている。

このほか、夢殿には聖徳太子の遺徳を偲んで、東院伽藍の建立に尽力した行信僧都《ぎょうしんそうず》の像などが安置されている。

▲夢殿

# 宝物館にある数々の逸品とは？

法隆寺には実に多くの仏像があるが、ここでは宝物館に収蔵されているもののうち、代表的なものを紹介しておこう。

まず、夢違《ゆめちがい》観音の名で知られる金銅《こんどう》観世音菩薩《ぼさつ》立像は、白鳳時代を代表する名品として国宝に指定されている。高さ約八七センチのこの像は、金堂本尊の釈迦三尊像などに見られる中国の北魏《ほくぎ》様式（注86）を抜け出し、日本的な美しさを表わした最初の作品として高い評価を受けている。悪夢を良夢に変えてくれるということから、この名がある。

百済《くだら》観音の名で親しまれているのが木造観世音菩薩立像（国宝）だ。像高二メートル余り、八頭身のすらりとしたこの像は、横から見ると体がやや「く」の字に曲がり、独特の曲線美を醸し出している。寺伝ではインドで造られたものが、百済を経由して伝えられたというが、もちろんそれは伝説的な話である。かつては虚空蔵《こくうぞう》菩薩としてまつられていた。

九面《くめん》観音の名で親しまれているのが、木造観世音菩薩立像である。十一の顔を持つ

注86　中国の４、５世紀ごろに造られた仏像の様式。面長の顔に細い目、口元にわずかな微笑を浮かべるなどの特徴がある。日本の初期の仏像は、この様式を採用したものが多い。法隆寺の釈迦三尊像はその代表。

十一面観音に対して、九つの顔を持つことからこの名で呼ばれている。養老《ようろう》三年（七一九）に唐（中国）からもたらされたといわれるもの。像高約三八センチの小品で、蓮華の台座から頭頂まですべて一本の木から彫られた一木造《いちぼくづくり》。緻密《ちみつ》な材質の香木（ビャクダンと考えられている）から造られており、きわめて精緻な仕上がりになっている。

橘夫人念持《たちばなぶにんねんじ》仏《ぶつ》は中尊（中央の仏）が三四センチほどの阿弥陀三尊像。蓮池から生え出た三本の蓮華《れんげ》（蓮の花）の上に、阿弥陀如来と脇侍《わきじ》の観音菩薩、勢至《せいし》菩薩がまつられている。いずれも白鳳時代を代表する美しい仏像で、国宝に指定されている。また、三尊を納めている厨子《ずし》も橘夫人が作らせたもので、玉虫厨子《たまむしのずし》とともに飛鳥・白鳳時代を代表する工芸品として国宝に指定されている。

ちなみに、橘夫人は光明皇后の母で、藤原氏の基を築いた藤原不比等《ふひと》の妻。橘三《み》千代《ちよ》という人である。念持仏とは個人的に礼拝していた仏像のことである。

# 中宮寺《ちゅうぐうじ》の国宝はどんな仏像なのか

夢殿の東にあるのが中宮寺である。夢殿のすぐ目と鼻の先にあるので、法隆寺参詣の折にはぜひ立ち寄ってみたい寺である。この寺は聖徳太子が母親のために建てたと伝えられている尼寺で、奈良時代には七堂伽藍《しちどうがらん》を備えた大寺だったという。その後、盛衰を繰り返し、伽藍の多くを失った。現在は鉄筋コンクリートの本堂が再建されている。

この寺の金堂に安置されているのは、有名な弥勒菩薩半跏思惟像《みろくぼさつはんかしゆいぞう》である。飛鳥時代の作品で国宝に指定されている。右足を曲げ、左膝の上に置いて椅子に座り、右手を頬のところにかざした姿は、広隆寺《こうりゅうじ》（京都）の弥勒菩薩像（注87）に勝るとも劣らない美しさをたたえている。ちなみに、この像は寺伝では如意輪《にょいりん》観音とされており、長らく如意輪観音として拝まれていた。しかし、これは寺の言い伝えで、この像が弥勒菩薩であることは誰の目にも明らかだ。ただし、中宮寺では今でも寺伝にしたがって如意輪観音と称している。

また、この寺のもう一つの宝物に「天寿国曼荼羅繍帳《てんじゅこくまんだらしゅうちょう》」（国宝、飛鳥時代）というも

注87　広隆寺にはよく知られている弥勒菩薩半跏思惟像のほかにも、もう一体の弥勒菩薩半跏思惟像がある。前者が微笑を浮かべているのに対して、後者は泣きべそをかいたような表情をしているので、通称「泣き弥勒」と呼ばれている。7世紀に新羅《しらぎ》（朝鮮半島）から伝えられたといわれるもので、国宝に指定されている。

のがある。これは聖徳太子の妃が太子の死を悲しみ、死後、太子が赴いたであろう天寿国（極楽浄土の別名）の様子を織り上げたものだ。残念ながら本物は傷みが激しく、断片化されていて一般には公開されていない。本堂にその一部の複製が展示してある。その複製の一部分を見ただけでも、飛鳥・天平の時代の様相を彷彿《ほうふつ》させるものがある。

▲中宮寺

## コラム⑱ 法隆寺の中門はなぜタブーを破っているのか

寺院の山門などは五間三戸《ごけんさんこ》（柱の間が五つ、入口が三つ）、三間一戸《さんけんいっこ》（柱の間が三つ、入口が一つ）といったように、柱間も入口も奇数に作るのが原則である。そして、柱間と入口が偶数の門は基本的には作らない上に、偶数の中でも四間二戸（柱の間が四つ、入口が二つ）の門はとくに禁忌とされる。四間二戸の「四二」が「死に」に通じるからである。

ところが、法隆寺にはこのタブーを破って、四間二戸に作られた門がある。金堂入口にある中門がそれで、古くからさまざまな憶測が飛び交っている謎の門だ。

一説に、ここをくぐると子孫が続かないといわれる。しかし、国家安泰や子孫の繁栄を祈願することを主眼とした当時の寺院の門に、そんな縁起でもないものを作るわけがない。これは、前述したように四間二戸が「死に」に通じることから出た俗説の最たるものだ。

また、ほかの説では、入口の一つは密教の金剛界《こんごうかい》を、もう一つは胎蔵界《たいぞうかい》を表わすという。これはどことなく説得力のありそうな説だが、密教が伝えられて盛んになったのは平安時代以降のことだ。この門が作られたのは飛鳥時代だから、年代が一致しないのである。このほかにもさまざまな説があるが、どの説も中門の謎に的確に答えるものではない。

そして、当の法隆寺では、向かって右側の戸口は金堂への入口、左側は五重塔への入口であると説明している。これがいちばん無難な説といえるだろう。

飛鳥寺や四天王寺、薬師寺などの寺院では、中門の正面に金堂が建てられる。したがって正面の入口から入れば、違和感なく金堂に達することができる。

しかし、法隆寺では向かって右に金堂、左に五重塔が建つため、正面の入口から入るとどちらから先に参拝しようかという迷いが生じる。だから、あらかじめ先に参拝する建物を決めた上でどちらかの門から進む。このように考えれば、一応の説明がつくといえるだろう。また、伽藍全体の構成を考えた場合も、四間二戸の門が最もバランスが良い。

▲南大門から中門を望む

いずれにしても、タブーを破ってこの中門を作るにあたっては、当時の僧侶や匠《たくみ》たちの間で激論が戦わされたに違いない。その末、下された大英断だったことが想像される。

ちなみに、この謎の中門は前にも述べたように、昭和の中ごろまでは使われていたが、現在は使用されていない。やはり、何か不都合があったのだろうか。

# コラム⑲「玉虫厨子《たまむしのずし》」に描かれた釈迦の伝説

法隆寺の玉虫厨子は飛鳥文様《あすかもんよう》などの美しい装飾の下に、玉虫の羽《は》根を嵌め込んでいることからその名がある。この厨子は観音菩薩を安置するために作られたものである。二層構造の下段の須弥座《しゅみざ》（台座）には種々の絵が描かれている。釈迦は悟りを開くまでに何度となく生まれ変わり、過去に無数の人生を送った。そして、それぞれの人生で善行《ぜんぎょう》（善い行ない）をし、厳しい修行をしたために偉大な悟りを得ることができたという伝説がある。玉虫厨子の須弥座には、このような釈迦の前世をモチーフにした絵が描かれている。

まず、須弥座の向かって右に描かれているのが「捨身飼虎図《しゃしんしこず》」というものだ。

これは釈迦が前生に王子として生まれたときの話である。ある日、山野に遊びに行くと、崖の下に七匹の子を抱えて飢えに苦しむ母の虎がいた。この姿を見た王子は深い慈悲の念を起こし、崖から飛び降り、自ら餌食になって虎の親子を救ったというのである。

次に須弥座の向かって左に描かれているのは、「施身問偈《せしんもんげ》」という伝説をテーマにしたものだ。

釈迦が前生でバラモン（インドの神職階級で最上のカースト）の童子《どうじ》（子供）だったときのことである。彼は正しい教えを聞きたいと熱望していたが、そのことを知った帝釈天《たいしゃくてん》が、彼の真理を求める気持ちがどれほどのものか試そうと思った。そして、帝釈天は羅刹《らせつ》（鬼）に変身して童子の前に現われ、「諸《しょ》行無常《ぎょうむじょう》、是生滅法《ぜしょうめつぽう》（世の中のあらゆるものは移りゆくのが定めで、つねに生じたり滅したりするのが真理（法）である）」という詩句を唱えた。つまり、これは仏教の根本的な教えなのだが、童子は即座にこれを理解して歓喜した。

　ところが、羅刹に化けた帝釈天は、実はいま唱えたのは、真理を説いた詩句の半分であると言うのである。それを聞いた童子がその先を聞きたいと懇願すると、今は腹が減っていてこれ以上教えられないと言った。そして、童子が自分に食べられることを約束すれば、一時だけ空腹を堪《こら》えて教えることができるだろうと述べた。

　童子は迷うことなく、自分の肉と血を提供するから、是非とも後半を教えてくれるように懇願した。すると、羅刹は「生滅滅已《しょうめつめつい》、寂滅為楽《じゃくめついらく》（生じてまた滅し、滅し終われば永遠の安楽を得ることができる）」という後半の二句を教えてくれた。

　童子は大いに喜び、周囲の石や木にこの四句をすばやく書き留めた。そして、近くにあった高い木に登り、そこから身を投げて、約束どおり羅刹の餌食になろうとした。まさにそのとき、羅刹は帝釈天の姿に戻って、童子の身体を空中で受け止めた。そして、童子の真理を求める心が本物であることを知り、これをほめ讃えたという。

# 第10章

# 参詣ガイド——全国寺院巡り

●寺院名〔山号・異称など〕
①本尊、②宗派、③所在地、④交通、⑤歴史、⑥見どころ、⑦行事ほか

## ◆一度は参ってみたい古寺ベスト10

### ■立石寺《りつしゃくじ》〔宝珠山《ほうじゅさん》〕

①薬師如来②天台宗③山形県山形市山寺《やまでら》④JR仙山線・山寺駅から徒歩五分⑤貞観《じょうがん》二年（八六〇）、慈覚《じかく》大師円仁《だいしえんにん》が比叡山延暦寺《ひえいざんえんりゃくじ》の別院として創建した寺である。根本中堂には延暦寺から分灯した不滅の法灯がある。江戸時代には徳川幕府の保護を受けて栄え、最盛期には百を超す僧坊があった。元禄二年（一六八九）、松尾芭蕉が訪れて「閑《しずか》さや岩にしみ入る蝉の声」という有名な句を詠んだ⑥薬師如来坐像（重文、鎌倉）。山寺駅前にそびえる宝珠山一帯が境内で、「山寺」の名で親しまれ、四季折々の自然が美しい⑦磐司《いわじ》祭（八月七日）、山寺紅葉祭（十月一日〜十一月十日）。

### ■円覚寺《えんがくじ》〔瑞鹿山《ずいろくざん》〕

①宝冠釈迦如来②臨済宗円覚寺派大本山③神奈川県鎌倉市山ノ内④JR横須賀線・北鎌倉駅から徒歩三分⑤弘安《こうあん》五年（一二八二）に北条時宗《ほうじょうときむね》が宋の禅僧・無学祖元《むがくそげん》を開山に迎え、二度の元寇で亡くなった人の慰霊のために創建した。円覚寺の寺号は建設中に『円覚経《えんがくきょう》』の石櫃《いしびつ》を発掘したことによる。幕府の勅願所で、鎌倉五山の第二に挙げられて大いに繁栄した。多くの禅僧や在家の禅者を輩出し、とりわけ、仏教研究の第一人者、鈴木大拙《だいせつ》が出たことは特筆に値する⑥舎利殿《しゃりでん》（国宝、江戸）⑦宝物風入れ（十一月はじめの三日間）

■善光寺《ぜんこうじ》〔定額山《じょうがくざん》〕

①一光三尊《いっこうさんぞん》阿弥陀如来②単立《たんりつ》（天台宗・浄土宗共同管理）③長野県長野市元善町④JR信越本線・長野駅からバスで一〇分⑤推古《すいこ》天皇一〇年（六〇二）に

▲円覚寺舎利殿

本多《ほんだ》善光《ぜんこう》という人が、インドからもたらされたという現在の本尊をまつったのが起源。この本尊の阿弥陀三尊像は一つの光背の中に三尊がおさまることから、一光三尊の阿弥陀如来として有名である。これを善光寺式阿弥陀如来といっている。中世以降、こ

▲善光寺

の本尊が宗派を超えて盛んに信仰されている。本堂は間口二四メートル、奥行五四メートルの巨大な建物で、平面が撞木《しゅもく》（鉦《かね》を叩くときに用いるバチ）のような形をしていることから、撞木堂と呼ばれている⑥本堂（国宝、江戸時代の再建）⑦修正会《しゅしょうえ》（一月一日～三日）、十夜会《じゅうやえ》（十月五日～十五日）。

## ■永平寺《えいへいじ》〔吉祥山《きっしょうざん》〕

①釈迦如来②曹洞宗大本山③福井県吉田郡永平寺町志比《しひ》④京福《けいふく》電鉄永平寺線・永平寺駅から徒歩一〇分⑤寛元《かんげん》二年（一二四四）に道元禅師《どうげんぜんじ》により創建。応《おう》安《あん》五年（一三七二）には後円融《ごえんゆう》天皇から「日本曹洞宗第一道場」の勅額を賜り、曹洞宗の根本道場《こんぽんどうじょう》として広く認められるようになった。道元の没後、三世の義介《ぎかい》が伽藍を整備し、永平寺の基礎を作った。現在、横浜市鶴見の総持寺とともに曹洞宗の大本山になっている⑥道元直筆『普勧坐禅儀《ふかんざぜんぎ》』（国宝、鎌倉）

▲雪の永平寺

⑦授戒会《じゅかいえ》（四月二十三日～二十九日）、開山御忌法会《かいざんぎょきほうえ》（九月二十三日～二十九日）。

## ■教王護国寺《きょうおうごこくじ》〔八幡山《はちまんさん》、異称・東寺《とうじ》〕

①薬師三尊②東寺真言宗総本山③京都市南区九条町

④ＪＲ京都駅から徒歩一五分⑤平安遷都後の延暦《えんりやく》一五年（七九六）、東寺、西寺《さいじ》を建立して都の鎮守《ちんじゅ》としたのが始まり。その後、東寺は空海に下賜され、教王護国寺と改名して、真言密教の根本道場となった。広い境内には金堂、講堂、五重塔などの建物が立つ。また、講堂には大日如来を中心とする五仏、五菩薩、五大明王などが整然と並び、回りに梵天、帝釈天、四天王が安置されている。合計二十一体の仏像が一堂に会した姿は壮観⑥金堂（国宝、桃山）、五重塔（国宝、江戸時代の再建）ほか仏像多数⑦後七日《ごしちにち》御修法《ごしゆうほう》（一月八日～十四日）、弘法大師御影供《みえく》（毎月二十一日、「弘法さん」）。

## ■清涼寺《せいりようじ》（五台山《ごだいさん》、通称・嵯峨《さが》釈迦堂）

①釈迦如来②浄土宗③京都市右京区嵯峨釈迦堂藤の木町④ＪＲ京都駅からバスで四〇分⑤もともとこの地には棲霞寺《せいかじ》という寺があった。寛和《かんな》元年（九八五）に奝然《ちょうねん》が中国で造らせた釈迦如来像を持ち帰り、ここに中国の五台山《ごだいさん》を模して清涼寺を建ててまつろうとしたが、果たせずに没した。その後、弟子たちが棲霞寺内に仏像をまつり、清涼寺と改名した。本尊の釈迦如来立像はインドのグプタ様式の像を中国で模刻したものといわれ、エキゾチックな表情を浮かべている。この様式の像を清涼寺式釈迦如来といい、全国で模刻されたものが少なくない⑥釈迦如来立像（国宝、平安）⑦お身拭《みぬぐ》い（四月二十一日）。

## ■室生寺《むろうじ》（室生山《むろうさん》、異称・女人高野《にょにんこうや》）

①如意輪観音②真言宗室生派大本山③奈良県宇陀郡室生村室生④近鉄大阪線・室生口大野駅からバスで二〇分⑤役行者《えんのぎょうじゃ》の開山と伝えられ、平安時代に弘法大師が真言密教の道場とした。その後、長らく興福寺の支配下に置かれたが、江戸時代に五代将軍・綱吉の母、桂昌院によって再興され、再び真言密教の

道場になった。堂内には釈迦如来像をはじめ、多くの貴重な仏像を安置する。また、背後の山中にある五重塔は小ぶりながら平安初期の優れた建築で、国宝に指定されている。平成一〇年の台風で大きく破壊されたが、まもなく修復されて往時の威容を誇っている⑥金堂（国宝、平安初期）、釈迦如来像（国宝、平安）、十一面観音立像（国宝、平安）ほか国宝、重文多数⑦初観音（一月十八日）。

### ■青岸渡寺《せいがんとじ》〔那智山《なちざん》〕

①如意輪観音②天台宗③和歌山県東牟婁《むろ》郡那智勝浦町那智山④ＪＲ紀勢本線・那智駅からバスで三〇分⑤寺伝によれば、仁徳《にんとく》天皇の時代、熊野に漂着したインド人の僧侶がこの地に草庵を開いたのが起源だという。その後、推古《すいこ》天皇の勅願で堂塔が建てられた。平安中期に花山《かざん》天皇が参籠して西国霊場の第一番札所と定め、日本の観音霊場の中心として信仰を集めている。かつては、隣接する那智大社、および那智の滝を御神体とする飛滝権現《ひりようごんげん》とともに渾然《こんぜん》として信仰され、神仏習合の代表的な聖地だった。だが、明治以降、それぞれ分離された。『平家物語』でおなじみの文覚《もんがく》上人も、この地で修行したことで知られる⑥本堂（重文、桃山）、宝篋印塔《ほうきょういんとう》（重文、鎌倉）。

### ■観心寺《かんしんじ》〔檜尾山《ひのおさん》〕

①如意輪観音②高野山真言宗③大阪府河内《かわち》長野《ながの》市寺元④南海電鉄高野線・河内長野駅からバスで一五分⑤役行者《えんのぎょうじゃ》が建てた雲心寺《うんしんじ》を、弘仁《こうにん》六年（八一五）に弘法大師空海が再興し、観心寺と号したと伝えられる。早くから朝廷、とりわけ南朝との関わりが深く、後醍醐天皇は楠木正成《くすのきまさしげ》に命じて金堂を建立させた。本尊の如意輪観音像は平安時代の密教彫刻の傑作とされ、国宝に指定されている⑥本堂（国宝、鎌倉）、如意輪観音（国宝、平安）ほか、仏像の名作多数⑦

## 【参詣ガイド——全国寺院巡り】

如意輪観音御開帳（四月十七日・十八日）。

■崇福寺《そうふくじ》〔聖寿山《しょうじゅざん》、異称・唐寺《からでら》、福州寺《ふくしゅうじ》〕

①釈迦三尊②黄檗宗《おうばくしゅう》③長崎県長崎市鍛冶屋《かじや》町④市電正覚寺駅から徒歩五分⑤寛永《かんえい》六年（一六二九）、長崎在住の中国人が故国より僧侶を招いて建立した純中国式の禅寺で、華僑《かきょう》の菩提寺として尊崇されている。創建から約百年間にわたって中国人僧侶が住職を務め、純中国式の法要を営んだ。四代目の住職に隠元《いんげん》が招かれたが、彼は幕府の招聘《しょうへい》によって宇治《うじ》万福寺《まんぷくじ》の開山となった⑥第一峰門《だいいっぽうもん》（国宝、江戸）、本堂（国宝、江戸）。竜宮門と呼ばれる独特の形をした山門のほか、中国の航海安全の神をまつった媽祖廟《まそびょう》などが立ち並び、境内に入ると、日本の寺院とは思えない空間が広がる⑦関帝祭《かんていさい》、媽祖祭など中国式の行事多数。

▲崇福寺の第一峰門

## 東北地方の寺院

### ●恐山《おそれざん》〔伽羅陀山《からださん》〕

①釈迦如来②曹洞宗③青森県むつ市田名部町《たなぶ》④下北交通大畑線・田名部駅からバスで四〇分、終点下車すぐ⑤貞観《じょうがん》四年（八六二）、慈覚大師《じかくだいし》円仁《えんにん》が自刻の地蔵菩薩をまつって堂を建てたのが始まりと伝えられている。以降、修験道《しゅげんどう》の道場として栄え、明治の神仏分離以降、全国の霊媒《れいばい》が参集するようになった⑦開山期は五月上旬から十月下旬で、積雪期は閉山。七月二十日から二十四日の例大祭にはイタコの口寄せが行なわれ、全国から大勢の人々が参詣する。

### ●中尊寺《ちゅうそんじ》〔関山《かんざん》〕

①阿弥陀如来②天台宗③岩手県西磐井《にしいわい》郡平泉町 衣《ころも》関《ぜき》④JR東北本線・一ノ関駅からバスで二五分⑤嘉《か》祥《しょう》三年（八五〇）に慈覚大師円仁が創建した。平安末期、藤原三代によって壮麗な堂塔が造営された。その後、火災で堂塔の大半が焼失したが、のちに復興された⑥金色堂《こんじきどう》（国宝、鎌倉）ほか⑦修正会《しゅしょうえ》（一月一日～五日）、薪能《たきぎのう》（八月十四日）。

▲中尊寺金色堂

●毛越寺《もうつうじ》〔医王山《いおうざん》〕

①薬師如来②天台宗③岩手県西磐井郡平泉町大沢④JR東北本線・平泉駅から徒歩七分⑤嘉祥《かしょう》三年（八五〇）に慈覚大師円仁が創建した嘉祥寺が起源。その後、藤原基衡《ふじわらのもとひら》が壮麗な堂塔を整備したが、鎌倉初期の火災ですべて焼失。近年、本堂が再建、庭園が復元された⑥庭園（特別史跡・名勝）⑦延年《えんねん》の舞《まい》（一月二十五日）、曲水《きょくすい》の宴《えん》（五月の第四日曜日）。

●蚶満寺《かんまんじ》〔皇宮山《こうぐうざん》〕

①釈迦如来②曹洞宗③秋田県由利《ゆり》郡象潟《きさかた》町象潟島④JR奥羽本線・象潟駅からバスで六分⑤延暦《えんりゃく》年間（七八二～八〇六）に慈覚大師円仁が創建したと伝えられる。後に北条時頼《ほうじょうときより》が中興して曹洞宗に改め、この地方で獲れる蚶貝《あかがい》にちなんで蚶満寺と名づけた。江戸時代、松尾芭蕉が訪れ、「象潟や雨に西施《せいし》が合歓《ねぶ》の花」の秀句を残したことで知られる⑥芭蕉の句碑。

●瑞巌寺《ずいがんじ》〔青龍山《せいりゅうざん》〕

①聖観音菩薩《しょうかんのんぼさつ》②臨済宗妙心寺派《みょうしんじ》③宮城県宮城郡松島《まつしま》

▲瑞巌寺

町松島字町内④JR仙石線・松島海岸駅から徒歩五分⑤天長《てんちょう》五年（八二八）に慈覚大師円仁が創建した松島寺《まつしまでら》が起源。江戸時代には伊達家の菩提寺《ぼだいじ》、東北随一の禅寺として栄えた⑥本堂、庫裏《くり》（国宝、桃山）⑦大施餓鬼会《だいせがきえ》（八月十六日）。

### ●慈恩寺《じおんじ》〔瑞宝山《ずいほうざん》〕

①弥勒菩薩《みろくぼさつ》②慈恩宗③山形県寒河江《さがえ》市慈恩寺④JR左沢線・羽前高松駅から徒歩二〇分⑤神亀《じんき》元年（七二四）、行基《ぎょうき》菩薩の開山と伝えられ、聖武《しょうむ》天皇・鳥《と》羽《ば》上皇《じょうこう》・後《ご》白河法皇《しらかわほうおう》の勅願寺《ちょくがんじ》として栄えた。江戸時代には幕府から二千八百十二石の寺領を与えられ、東北屈指の名刹として栄えた。明治の廃仏毀釈でその勢力は急速に衰えたが、現在でも境内には堂々たる伽藍が並び、往時を偲ばせている⑥阿弥陀如来像、弥勒菩薩像など重文多数⑦一切経会《いっさいきょうえ》（五月五日）、無形文化財の舞楽《ぶがく》奉納（五月）。

### ●円蔵寺《えんぞうじ》〔霊巌山《れいげんざん》〕

①虚空蔵《こくうぞう》菩薩②臨済宗妙心寺派③福島県河沼郡柳津《やないづ》町《まち》大字柳津④JR只見《ただみ》線・柳津駅から徒歩五分⑤大同《だいどう》二年（八〇七）、天台宗の開祖最澄《さいちょう》の論敵として知られる法相宗《ほっそうしゅう》の僧侶、徳一《とくいつ》が創建したと伝えられる⑥弘法大師《こうぼうだいし》作と伝えられる本尊の虚空蔵菩薩は日本三大虚空蔵菩薩の筆頭に挙げられ、「福満虚空蔵《ふくまんこくうぞう》尊」の異名で篤く信仰されている。一月七日に疫病退散などを祈願して行なわれる「裸参り《はだかまいり》」は全国的にも有名⑦裸参り（一月七日）、厄除け。

### ●勝常寺《しょうじょうじ》〔瑠璃光山《るりこうざん》〕

①薬師如来②真言宗豊山《ぶざん》派③福島県河沼郡湯川村勝常④JR磐越西線《ばんえつさいせん》・会津若松《あいづわかまつ》駅からバスで三〇分、佐野下車、徒歩一五分⑤弘仁《こうにん》元年（八一〇）、円蔵寺（前項）と同じく、法相宗の徳一が開いたと伝えら

れる。中世には百ケ寺余りの末寺を抱え、会津一の勢力を誇った。天正《てんしょう》年間（一五七三～九二）に戦禍により勢力は衰えたが、東北地方の仏教文化に大きな影響を与えた。現在でも多数の仏像や堂塔を残し、往時の威容を伝えている⑥本尊の薬師如来坐像（重文）は平安初期の名品として知られ、「会津の中央薬師」として親しまれている。そのほか三十数体の仏像は東北でも屈指の逸品ぞろい。

## 関東地方の寺院

### ●輪王寺《りんのうじ》〔日光山《にっこうざん》〕

①阿弥陀如来・千手観音菩薩・馬頭観音菩薩②天台宗③栃木県日光市山内④ＪＲ日光線・日光駅、東武日光線・東武日光駅からバスで一〇分、神橋《しんきょう》下車、徒歩一〇分⑤神護《じんご》二年（七六六）、勝道上人《しょうどうしょうにん》の創建。その後、慈覚大師《じかくだいし》円仁《えんにん》が堂塔を整備して天台宗に改宗した。江戸時代には幕府の保護を受け、門跡《もんぜき》寺院として栄えた⑥『大般涅槃経集解《だいはつねはんぎょうしっかい》』（国宝）ほか、建築、仏像など多数⑦延年《えんねん》の舞《まい》（五月七日）、開山祭《かいざんさい》（四月一日）、強飯式《ごうはんしき》（四月二日）。

### ●中禅寺《ちゅうぜんじ》〔補陀落山《ふだらくさん》〕

①千手観音②天台宗③栃木県日光市中宮祠④ＪＲ日光線・日光駅、東武日光線・東武日光駅からバスで

▲中禅寺

四〇分、中禅寺下車、徒歩五分⑤延暦《えんりゃく》三年（七八四）、日光を開いた勝道上人《しょうどうしょうにん》が中禅寺湖上に千手観音を感得し、湖畔の桂の巨木を立木のまま刻んで、まつったのが起源と伝えられている。このことから立木《たちき》観世音の異称をとる。大正二年（一九一三）に現在地に移築され、今の堂塔は昭和四四年の再建⑥本尊の千手観音（重文）は像高五・四メートル、床下の四メートルの基部を残し、最下部は地中に埋もれているという。

## ●大光院《だいこういん》〔義重山《ぎじゅうざん》〕

①阿弥陀如来②浄土宗③群馬県太田市金山町④東武伊勢崎線・太田駅から徒歩二〇分⑤慶長《けいちょう》一八年（一六一三）、徳川家康が新田義重《にったよししげ》の菩提《ぼだい》を弔うために、浄土宗の呑竜《どんりゅう》上人を開山《かいざん》として建立した。呑竜上人は貧困に喘《あえ》ぐ農村の子供や女性を保護したことから「子育て呑竜」の異名をとり、大光院は現在に至るまで安産、子育ての寺として信仰を集めている⑥安産・子育て。安産のお守りや腹帯を求めて多くの参詣者が参集する。

●**平林寺《へいりんじ》〔金鳳山《きんぽうざん》〕**

①釈迦如来②臨済宗妙心寺派③埼玉県新座《にいざ》市野火止《のびどめ》④東武東上線・志木駅からバスで二〇分⑤太田道灌《おおたどうかん》の父で岩槻《いわつき》城主の道真《どうしん》が岩槻に創建した寺が起源。その後、太田氏は滅び、徳川家康が寺領を寄せ、川越城主の松平信綱《まつだいらのぶつな》の子、照綱《てるつな》が現在地に移した。以降、松平信綱の生家である大河内家《おおこうちけ》の菩提寺として栄え、現在に至っている⑥大河内家墓所、平林寺境内林（天然記念物）、野火止用水など。

●**喜多院《きたいん》〔星野山《せいやさん》〕**

①阿弥陀如来②天台宗③埼玉県川越市小仙波町④西武新宿線・川越駅からバスで一〇分⑤天長《てんちょう》七年（八三〇）、慈覚大師円仁の創建と伝えられる。江戸時代には徳川家の保護を受けて、東叡山《とうえいざん》（天台宗関東総本山）として栄えた。しかし、寛永《かんえい》二年（一六二五）に上野寛永寺《かんえいじ》に東叡山の寺号を譲った⑥「紙本《しほん》着色職人尽絵《ちゃくしょくしょくにんづくしえ》」（重文、江戸）、五百羅漢《ごひゃくらかん》像ほか⑦だるま市（一月三日）、長日大護摩講《ちょうじつだいごまこう》（四月一日～五日）。

●**新勝寺《しんしょうじ》〔成田山《なりたさん》〕**

①不動明王②真言宗智山派《ちざんは》③千葉県成田市成田④JR成田線・成田駅から徒歩一五分⑤平将門《たいらのまさかど》の乱の際、京都・神護寺《じんごじ》の不動明王を下総国《しもうさのくに》（千葉県）に勧請《かんじょう》したのが起源。乱が収まったので、この地に堂塔を建てて不動明王をまつった⑥三重塔（江戸）、額堂《がくどう》（江戸）⑦祇園会《ぎおんえ》（七月七日～九日）、開山忌《かいざんき》（七月十二日）、納め不動（十二月二十八日）。

●**誕生寺《たんじょうじ》〔小湊山《こみなとざん》〕**

①十界曼荼羅《じゅっかいまんだら》本尊《ほんぞん》②日蓮宗③千葉県安房《あわ》郡天津《あまつ》小湊《こみなと》町小湊④JR外房《そとぼう》線・安房小湊駅からバスで五分、誕生寺入口下車、徒歩三分⑤日蓮聖人の生誕を記念

して、その生家の跡に建てられたのが起源。日蓮聖人の聖跡《せいせき》として信仰を集めている⑥日蓮聖人の真筆《しんぴつ》など⑦御会式《おえしき》（十一月十二日）。

### ●寛永寺《かんえいじ》〔東叡山《とうえいざん》〕

①薬師如来②天台宗関東総本山③東京都台東区上野桜木④JR山手線・鶯谷《うぐいすだに》駅から徒歩五分⑤寛永二年（一六二五）、幕府の命を受けた天海《てんかい》僧正が江戸城の鬼門にこの寺を創建した。これにともなって、川越・喜多院の東叡山の寺号と天台宗関東総本山の地位は寛永寺に譲られた。創建当初から徳川家の菩提寺として栄えた。明治以降、衰亡したが、再建に努め、現在の伽藍が完成した⑥東照宮（江戸）、清水《きよみず》観音堂（江戸）。

### ●浅草寺《せんそうじ》〔金龍山《きんりゅうざん》〕

①聖観音《しょうかんのん》菩薩②聖観音宗③東京都台東区浅草④営団地下鉄銀座線、都営地下鉄浅草線・浅草駅から徒歩五分⑤推古《すいこ》天皇の三六年（六二八）の創建と伝える。平安時代に慈覚大師円仁が中興《ちゅうこう》し、鎌倉時代には源頼朝も帰依《きえ》して大寺院になった。江戸時代になると徳川幕府の祈願所《きがんしょ》として隆盛を極めた⑥総門（通称「雷門《かみなりもん》」、昭和の再建）、大書院前庭（小堀遠州《こぼりえんしゅう》作）⑦陀羅尼会《だらにえ》（一月十二日～十八日）、本尊《ほんぞん》示現会《じげんえ》（三月十八日）、四万六千日《しまんろくせんにち》（七月九日～十日）、歳《とし》の市《いち》（十二月十七日～十九日）。

### ●増上寺《ぞうじょうじ》〔三縁山《さんえんざん》〕

①阿弥陀如来②浄土宗③東京都港区芝公園④JR山手線、京浜東北線・浜松町《はままつちょう》駅から徒歩一五分、都営地下鉄浅草線 大江戸線・大門《だいもん》駅、三田《みた》線・御成門《おなりもん》駅から徒歩五分⑤麹町《こうじまち》紀尾井町《きおいちょう》にあった光明院《こうみょういん》が増上寺の前身で、徳川家康が江戸入城の際にこの寺を現在地に移した。以降、徳川家の菩提寺として栄えた

▲増上寺の三門

⑥三門、台徳院霊廟《だいとくいんれいびょう》・総門、有章院《うしょういん》霊廟・二天門《にてんもん》（いずれも重文、江戸）⑦御忌会《ぎょきえ》（四月十一日〜十五日）。

## ●本門寺《ほんもんじ》〔長栄山《ちょうえいざん》〕

①一尊四士②日蓮宗大本山③東京都大田区池上《いけがみ》④東急池上線・池上駅から徒歩一〇分⑤弘安《こうあん》五年（一二八二）の秋、この地で没した日蓮聖人の菩提を弔うために建てられた⑥五重塔（重文、江戸）⑦御会式《えしき》（十月十一日〜十三日）。

## ●建長寺《けんちょうじ》〔巨福山《こふくざん》〕

①地蔵菩薩②臨済宗建長寺派③神奈川県鎌倉市山ノ内④JR横須賀線・北鎌倉駅から徒歩一五分⑤建長五年（一二五三）、北条時頼《ほうじょうときより》が宋の禅僧蘭渓道隆《らんけいどうりゅう》を開山に迎えて建立。わが国最初の臨済宗の専門道場⑥梵鐘（国宝、鎌倉）⑦開山忌《かいざんき》（八月二十三日〜二十四日）、宝物風入《ほうもつかぜい》れ（十一月上旬の三日間）。

## ●光明寺《こうみょうじ》〔天照山《てんしょうざん》〕

①阿弥陀三尊②浄土宗③神奈川県鎌倉市材木座《ざいもくざ》④JR横須賀線・鎌倉駅からバスで一〇分⑤北条経時《つねとき》が建立した蓮華寺《れんげじ》を、寛元《かんげん》元年（一二四三）に現在地に

移し、光明寺と改めた。歴代将軍が深く帰依して栄えた⑥「当麻《たいま》曼荼羅《まんだら》縁起《えんぎ》絵巻《えまき》」（国宝、現在は鶴岡《つるがおか》八幡宮境内の鎌倉国宝館に出品中）⑦献灯祭（七月末日）、十夜会《じゅうやえ》（十月十二日～十五日）。

## ●称名寺《しょうみょうじ》〔金沢山《きんたくさん》〕

①弥勒菩薩②真言律宗《しんごんりつしゅう》　別格本山③神奈川県横浜市金沢区金沢町④京浜急行本線・金沢《かなざわ》文庫駅から徒歩一〇分⑤北条実時《ほうじようさねとき》が別荘内に小寺を建てたのが起源といわれている。以降、北条氏の菩提寺として栄え、また、学問に深い関心を寄せていた実時が、金沢文庫を創建して文献の収集を熱心に行なった⑥平成二年（一九九〇）に新築された金沢文庫には『文選集注《もんぜんしっちゅう》』（国宝）など、多くの貴重な古文書を収蔵する。境内の庭園は鎌倉時代の浄土庭園の貴重な遺構に基づいて、平成二年に復元されたもの。

## ●平間寺《へいげんじ》〔金剛山《こんごうざん》、通称・川崎大師《かわさきだいし》〕

①厄除弘法大師《やくよけこうぼうだいし》②真言宗智山《ちざん》派③神奈川県川崎市川崎区大師町④京浜急行大師線・川崎大師駅から徒歩五分⑤大治《だいじ》二年（一一二七）に平間《ひらま》兼乗《かねのり》という武士が当地の海中から弘法大師の木像を得て、これをまつり、自らの姓を寺号にしたのが起源。このとき兼乗は四十二歳の厄年だったが、大師像の御利益で何事もなく過ごすことができた。以来、この木像を厄除け大師と呼び、後世、厄除け祈願の寺として信仰を集めている⑦元朝大護摩供《げんちょうだいごまく》（一月一日）、節分会《せつぶんえ》（二月節分の日）、大般若経転読会《だいはんにゃぎょうてんどくえ》（四月二十一日）、本尊弘法大師降誕奉祝会《こうたんほうしゅくえ》（五月十五日付近の日曜日）。

## ●総持寺《そうじじ》〔諸岳山《しょがくざん》〕

①釈迦如来②曹洞宗大本山③神奈川県横浜市鶴見《つるみ》区鶴見町④ＪＲ京浜東北線・鶴見駅から徒歩五分⑤

# 【参詣ガイド――全国寺院巡り】

▲総持寺の大雄宝殿

能登《のと》（石川県）の総持寺祖院《そいん》が火災で伽藍の大半を失ったため、明治四〇年（一九〇七）に現在地に本拠を移した。現在は福井県の永平寺《えいへいじ》とともに曹洞宗大本山で、同宗の根本道場として、多くの僧侶が修行している⑥紙本着色提婆達多《しほんちゃくしょくだいばだった》像（重文）。

## 北陸・中部地方の寺院

### ●本成寺《ほんじょうじ》〔長久山《ちょうきゅうざん》〕

①大曼荼羅《だいまんだら》②法華宗《ほっけしゅう》（陣門流《じんもんりゅう》）総本山③新潟県三条市本成寺④JR信越本線・三条駅から徒歩一五分⑤永仁《えいにん》五年（一二九七）、日蓮上人の孫弟子の日印《にちいん》上人が『法華経《ほけきょう》』布教のために草庵を開いたのが始まり。その後、領主の山吉《やまよし》氏の寄進を受けて堂塔が整備され、正和《しょうわ》二年（一三一三）、日蓮の直弟子の日朗《にちろう》を招いて開山とし、長久山本成寺とした。以降、法華宗の根本道場として栄え、明治九年（一八七六）には独立して法華宗総本山となった⑦本成寺鬼踊り（節分の日）。

### ●瑞龍寺《ずいりゅうじ》〔高岡山《たかおかさん》〕

①釈迦如来②曹洞宗③富山県高岡市関本町④JR北

陸本線・高岡駅から徒歩八分⑤加賀《かが》藩の第三代藩主・前田利常《まえだとしつね》が先代の利長《としなが》の菩提《ぼだい》を弔うために建立した。中国の名刹、径山《けいざん》を模して、伽藍《がらん》の造営には正保《しょうほ》二年（一六四五）から十八年の歳月を費やした。以降、前田家の菩提寺として栄え、今日に至っている。江戸時代の火災で山門などを焼失したが、主要な堂塔は往時のままの姿を留めている。伽藍は江戸初期の代表的な禅宗建築⑥前田利長の墓所、禅宗様式の伽藍。

### ●毫摂寺《ごうしょうじ》〔出雲路山《いずもじさん》〕

①阿弥陀如来②真宗出雲路派本山③福井県武生《たけふ》市清水頭町④JR北陸本線・武生駅からバスで五分、本山下車、徒歩五分⑤天福《てんぷく》元年（一二三三）に京都・出雲路に創建された寺を、慶長《けいちょう》八年（一六〇三）に現在地に移した。以降、越前の真宗の本拠地として栄え、現在では真宗出雲路派の本山として多くの信徒を抱えている⑦五分市本山大寄り（大縁日、八月二十七日〜二十八日）。

### ●証誠寺《しょうじょうじ》〔山元山《やまもとざん》〕

①阿弥陀如来②真宗山元派本山③福井県鯖江《さばえ》市横越《よこごし》町④JR北陸本線・鯖江駅からバスで一〇分、横越公民館前下車すぐ⑤承元《じょうげん》元年（一二〇七）、親鸞《しんらん》上人が布教の地に開いたのが始まりと伝えられる。そののち、後二条《ごにじょう》天皇より勅額を賜り、証誠寺とした。明治一一年（一八七八）に山元派として独立。横越本山ともいわれ、真宗の越前四本山に数えられ、多くの信徒を集めている⑥後二条天皇直筆の扁額《へんがく》、親鸞上人自刻と伝えられる木像。

### ●那谷寺《なたでら》〔白牛山《はくぎゅうざん》〕

①千手《せんじゅ》観音②高野山真言宗③石川県小松市那谷町④JR北陸本線・小松駅からバスで三〇分⑤養老元年

## 【参詣ガイド――全国寺院巡り】

（七一七）の創建で、はじめ岩屋寺《いわやでら》と称したが、一〇世紀の後半に花山《かざん》天皇が行幸して那谷寺と改めた⑥本堂・三重塔（重文）ほか⑦四万六千日《しまんろくせんにち》（一月十日、七月十日）、那谷講《なたこう》（四月八日）。

### ●大乗寺《だいじようじ》〔東香山《とうこうざん》〕

①釈迦如来②曹洞宗③石川県金沢市長坂町④ＪＲ北陸本線・金沢駅からバスで二〇分、平和町下車後、徒歩二〇分⑤弘長《こうちょう》元年（一二六一）に真言宗の寺として創建された。後に総持寺開山の瑩山紹瑾《けいざんじょうきん》が入寺して、加賀における曹洞宗の拠点となった⑥道元筆『一夜碧巌集《いちやへきがんしゅう》』（重文、鎌倉）。

### ●久遠寺《くおんじ》〔身延山《みのぶさん》〕

①大曼荼羅《だいまんだら》②日蓮宗③山梨県南巨摩《みなみこま》郡身延町④ＪＲ身延線・身延駅からバスで一五分⑤文永《ぶんえい》十一年（一二七四）に佐渡の流罪から帰った日蓮上人が、当地の領主波木井《はぎい》氏の招きで、この地に草庵を結んで隠棲したのが起源。日蓮の没後、ここに遺骨が納められ、日蓮宗総本山となった⑥日蓮の直筆、狩野元信《かのうもとのぶ》筆「農夫耕作図」など⑦開宗会《かいしゅうえ》（四月二十八日）、千部会《せんぶえ》（五月六日～八日）、七面山《しちめんざん》例祭（九月十七日～十九日）。

### ●安楽寺《あんらくじ》〔崇福山《そうふくざん》〕

①釈迦如来②曹洞宗③長野県上田市別所《べっしょ》温泉④上田

▲安楽寺の八角三重塔

交通・別所温泉駅下車⑤寺伝によれば天平年間（七二九～七四八）に行基《ぎょうき》菩薩が創建したという。江戸時代になって領主の真田《さなだ》信之《のぶゆき》の保護により発展した⑥八角三重塔（国宝、平安）。

### ●修善寺《しゅぜんじ》〔福知山《ふくちさん》〕

①大日如来②曹洞宗③静岡県田方《たがた》郡修善寺町④伊豆箱根鉄道・修善寺駅からバスで一〇分、修善寺温泉下車徒歩⑤大同《だいどう》二年（八〇七）、弘法大師空海が開いたと寺伝にはある。建仁《けんにん》三年（一二〇三）、鎌倉幕府の第二代将軍・源頼家《みなもとのよりいえ》は北条氏討伐に失敗して、ここに幽閉されたのちに殺害された。建治《けんじ》元年（一二七五）には禅僧の蘭渓道隆《らんけいどうりゅう》が来て臨済宗に改めた。その後、衰退したが、延徳《えんとく》元年（一四八九）には北条早雲《そううん》が再興し、曹洞宗に改宗、現在に至っている⑥宋版放光般若経《そうばんほうこうはんにゃぎょう》ほか。

## 京都の寺院

### ●本願寺《ほんがんじ》

文永《ぶんえい》九年（一二七二）に親鸞《しんらん》上人の遺骨を京都・吉水《よしみず》に御影堂《みえどう》を建ててまつったのが本願寺の始まりである。その後、山門徒《さんもんと》（比叡山の僧侶）の焼き討ちや織田信長との戦いがあり、山科《やましな》本願寺、大坂の石山《いしやま》本願寺と本拠を移した。天正《てんしょう》十九年（一五九一）に豊臣秀吉が寺領を寄進して、現在の西本願寺の基礎を作った。その後、慶長七年（一六〇二）には徳川家康が別に寺領を寄進して東本願寺を建立させた。以降、本願寺は東西に分かれ、強大な真宗門徒の勢力は二分されることになった。

〈西本願寺〉〔龍谷山《りゅうこくざん》、通称・お西《にし》〕

①阿弥陀如来②浄土真宗本願寺派本山③京都市下京区門前町④ＪＲ京都駅から徒歩一〇分⑥御影堂の親

鸞上人像は上人の遺灰を塗り固めて造ったもの。また、御影堂には七百三十四畳敷の大広間がある。さらに書院はわが国最大。境内の北東にある飛雲閣《ひうんかく》は秀吉が建てた聚楽第《じゅらくだい》の一部を移築したもの。

〈東本願寺〉〔通称・お東《ひがし》〕
①阿弥陀如来②浄土真宗大谷《おおたに》派本山③京都市下京区烏丸《からすま》通七条上ル④JR京都駅から徒歩五分⑥御影堂は高さ三七メートルの大建築で、東大寺大仏殿に次ぐ世界第二位の木造建築。御影堂門は知恩院三門などとともに京都四大門のひとつ。

### ●清水寺《きよみずでら》〔音羽山《おとわさん》〕

①十一面観音②北法相宗《きたほっそうしゅう》本山③京都市東山区清水坂上④JR京都駅からバスで一五分、清水道下車、徒歩一〇分⑤延暦《えんりゃく》一七年（七九八）、坂上田村麻呂《さかのうえのたむらまろ》が創建した北観音寺《きたかんのんじ》が起源。後に清水寺と改名し、平安時代中期には西国三十三観音の第十六番札所となり、盛んに信仰されるようになった⑥本堂（国宝、江戸時代の再建）。

### ●知恩院《ちおんいん》〔華頂山《かちょうざん》、異称・吉水禅房《よしみずぜんぼう》〕

①法然上人②浄土宗総本山③京都市東山区林下町④

▲知恩院の御影堂

ＪＲ京都駅からバスで二五分⑤法然上人入寂の地に弟子たちが堂を建てて、菩提《ぼだい》を弔ったのが起源⑥梵鐘（国宝）ほか⑦御忌《ぎょき》（四月十八日～二十五日）、お身《み》ぬぐい式（十二月二十五日）。

## ●金閣寺《きんかくじ》〔正式名称・鹿苑寺《ろくおんじ》〕

①聖観音菩薩②臨済宗相国寺派《しょうこくじ》③京都市北区金閣寺町④ＪＲ京都駅からバスで四〇分⑤応永《おうえい》四年（一三九七）に足利義満《あしかがよしみつ》が建てた山荘、北山殿《きたやまでん》が起源。義満亡きあと、遺言によって禅宗寺院に改められ鹿苑寺と号した。その舎利殿は金箔を貼った豪華なものだったことから、金閣寺と俗称された⑥金閣（舎利殿、昭和時代の復元）。

## ●銀閣寺《ぎんかくじ》〔正式名称・慈照寺《じしょうじ》〕

①釈迦如来②臨済宗相国寺派③京都市左京区銀閣寺町④ＪＲ京都駅からバスで三〇分、銀閣寺道下車、徒歩五分⑤文明《ぶんめい》一四年（一四八二）に八代将軍・足《あし》利義政《かがよしまさ》が祖父義満の北山殿にならって造った東山《ひがしやまさん》荘《そう》が起源。遺言により禅寺に改め、義政の法号をとって慈照寺と名づけられた⑥銀閣、東求堂《とうぐどう》（国宝、室町）。

## ●南禅寺《なんぜんじ》〔瑞龍山《ずいりゅうざん》〕

①釈迦如来②臨済宗南禅寺派大本山③京都市左京区南禅寺福地町④ＪＲ京都駅からバスで二五分、法《ほっ》勝寺《しょうじ》町下車、徒歩一〇分⑤もと亀山《かめやま》天皇の離宮を正《しょう》応《おう》四年（一二九一）に寺に改め、後に南禅寺と号した⑥大方丈は京都御所の清涼殿《せいりょうでん》を移築したもの。小方丈は桃山城の小書院を移築したもので、前面の庭園は小堀遠州《こぼりえんしゅう》作。

## ●妙法院門跡《みょうほういんもんぜき》〔南叡山《なんえいざん》〕

①普賢《ふげん》菩薩②天台宗③京都市東山区妙法院前側町④

ＪＲ京都駅からバスで七分、東山七条下車⑤後白河《ごしらかわ》法皇《ほうおう》がこの地にあった法住寺《ほうじゅうじ》内に蓮華王院《れんげおういん》を建立し、その後、後高倉《ごたかくら》天皇の皇子尊性法親王《そんしょうほうしんのう》が入寺して以来、相次いで法親王が住持を務め、門跡寺院となった。現在も天台宗三門跡の一つ⑥蓮華王院ほか国宝、重文多数⑦弓引《ゆみひ》き初《はじ》め（一月十五日）。

### ●神護寺《じんごじ》〔高雄山《こうゆうざん》〕

①薬師如来②高野山真言宗③京都市右京区梅ケ畑高雄町④ＪＲ京都駅からバスで五〇分、山城高雄《やましろたかお》下車、徒歩二〇分⑤天応《てんおう》元年（七八一）の創建。その後、空海がここで密教を講じて平安仏教の中心となった⑥五大虚空蔵菩薩《ごだいこくうぞうぼさつ》像・高雄曼荼羅《たかおまんだら》。

### ●大徳寺《だいとくじ》〔竜宝山《りゅうほうざん》〕

①釈迦如来②臨済宗大徳寺派大本山③京都市北区紫野大徳寺町④ＪＲ京都駅からバスで三〇分、大徳寺前下車⑤正中《しょうちゅう》元年（一三二四）、大灯国師《だいとうこくし》の創建。後世、茶道と融合した禅が行なわれ、塔頭《たっちゅう》の中には優れた茶室や茶庭を備えるところが多い⑥山門（重文、室町）、法堂《はっとう》（重文、室町）ほか。

▲大徳寺の山門、金毛閣

●三千院《さんぜんいん》〔魚山《ぎょざん》、円融院《えんゆういん》・梶井門跡《かじいもんぜき》・梨本《なしもと》本坊《ほんぼう》〕

①薬師如来②天台宗③京都市左京区大原来迎院町《らいごういんちょう》④JR京都駅からバスで一時間⑤平安時代の初期に最《さい》澄《ちょう》が比叡山に三千院円融坊を建てたのが起源。その後、門跡寺院となり、現在地に移って三千院と号した⑥阿弥陀三尊像（重文、平安）。

●醍醐寺《だいごじ》〔深雪山《みゆきさん》〕

①薬師如来②真言宗醍醐寺派総本山③京都市伏見区醍醐東大路町④JR東海道本線、湖西《こせい》線・山科《やましな》駅からバスで二〇分⑤貞観《じょうがん》一六年（八七四）の創建。延《えん》喜《ぎ》七年（九〇七）に醍醐天皇が行幸して勅願所《ちょくがんしょ》となった⑥薬師堂（国宝、鎌倉）、三宝院庭園（特別名勝・史跡、室町。「醍醐の花見」の舞台）。

●西芳寺《さいほうじ》〔洪隠山《こういんざん》、通称・苔寺《こけでら》〕

①阿弥陀三尊②臨済宗単立《たんりつ》・達磨正宗《だるましょうしゅう》③京都市西京区松尾神ケ谷町④JR京都駅からバスで四五分⑤天《てん》平《ぴょう》年間（七二九～七六五）に行基《ぎょうき》菩薩の創建と伝える。苔寺として有名⑥庭園（夢窓疎石《むそうそせき》作庭、室町）。

●妙心寺《みょうしんじ》〔正法山《しょうぼうざん》〕

①釈迦如来②臨済宗妙心寺派大本山③京都市右京区花園《はなぞの》妙心寺町④JR山陰本線・花園駅から徒歩五分⑤もと花園天皇の離宮を禅寺に改めた。三世無因《むいん》宗《そう》因《いん》のころには伽藍を整備し、足利義満の祈願所となった⑥狩野探幽《かのうたんゆう》筆「八方にらみの竜」。

●龍安寺《りょうあんじ》〔大雲山《だいうんざん》〕

①釈迦如来②臨済宗妙心寺派③京都市右京区竜安寺御陵下町④JR京都駅からバスで四〇分、竜安寺前

下車⑤室町時代の武将、細川勝元《ほそかわかつもと》が創建した寺⑥石庭（俗に「虎の子渡しの庭」と呼ばれている）。

## ●広隆寺《こうりゅうじ》〔蜂岡山《はちおかさん》、太秦寺《うずまさでら》・葛野寺《くずのでら》・川勝寺《かわかつでら》〕

①聖徳太子②真言宗御室《おむろ》派大本山③京都市右京区太秦蜂岡町④ＪＲ京都駅からバスで三〇分⑤推古天皇一一年（六〇三）、この地の豪族で、帰化人系の秦河勝《はたのかわかつ》が聖徳太子より仏像を賜り、これをまつるためのお堂を建立したのが起源と伝えられている。この仏像が有名な弥勒菩薩《みろくぼさつ》半跏思惟《はんかしゆい》像である。京都最古の寺院⑥弥勒菩薩半跏思惟像（国宝、飛鳥）ほか、仏像、仏画多数。

## ●鞍馬寺《くらまでら》〔松尾山《まつのおざん》〕

①鞍馬山尊天《そんてん》（千手観音菩薩・毘沙門天・護法魔王尊《ごほうまおうそん》）②鞍馬弘教本山《こうきょうほんざん》③京都市左京区鞍馬本町④叡山《えいざん》電鉄鞍馬線・鞍馬駅下車⑤宝亀《ほうき》元年（七七〇）に鞍馬山頂に毘沙門天をまつったのが起源とされている。本尊の毘沙門天は京都の北方の守護神として信仰されてきた⑥毘沙門天（国宝、平安）⑦竹伐り会式（六月二十日）。

## ●平等院《びょうどういん》〔朝日山《あさひざん》〕

①阿弥陀如来②単立《たんりつ》（天台宗・浄土宗の輪番《わばん》）③京都府宇治市宇治蓮華④ＪＲ、近鉄奈良線・宇治駅から徒歩一五分⑤永承《えいしょう》七年（一〇五二）、藤原頼通《ふじわらのよりみち》の創建。翌年、鳳凰堂《ほうおうどう》が完成した⑥鳳凰堂（国宝、平安）、阿弥陀如来坐像（国宝、平安）、雲中供養菩薩（五十二体・国宝、平安）ほか⑦関白忌《かんぱくき》（三月二日）。

## ●万福寺《まんぷくじ》〔黄檗山《おうばくさん》〕

①釈迦如来②黄檗宗大本山③京都府宇治市五ケ庄三番割④ＪＲ奈良線・黄檗駅から徒歩五分⑤江戸初期

に渡来した中国僧隠元《いんげん》が四代将軍・徳川家綱《いえつな》の要請により創建した。中国の黄檗山を模して造られた純中国式の禅宗寺院。長崎の崇福寺と同じく、中国式の読経や法要、行事などが多い⑥黄檗版《おうばくばん》『大蔵経《だいぞうきょう》』版木（重文、江戸）。

### ●浄瑠璃寺《じょうるりじ》〔小田原山《おだわらさん》、法雲院《ほううんいん》・九品《くほん》寺《じ》・九体寺《くたいじ》〕

①九体阿弥陀如来②真言律宗《しんごんりつしゅう》③京都府相楽《そうらく》郡加茂町④近鉄奈良線・奈良駅からバスで三〇分、浄瑠璃寺前下車⑤行基《ぎょうき》菩薩の創建と伝えられ、藤原時代には九体阿弥陀堂が建てられた⑥阿弥陀如来坐像九体（国宝、平安）。

## 奈良の寺院

### ●東大寺《とうだいじ》〔異称・大蓮華寺《だいれんげじ》、総国分寺《そうこくぶんじ》、金光王四天王護国之寺《こんこうおうしてんのうごこくのてら》、奈良の大仏〕

①毘盧舎那仏《びるしゃなぶつ》②華厳宗《けごんしゅう》大本山③奈良市雑司町④近鉄奈良線・奈良駅からバスで五分、大仏前下車⑤聖武《しょうむ》天皇が大仏建立の発願により、天平勝宝《てんぴょうしょうほう》四年（七五二）に大仏は完成し、開眼供養《かいげんくよう》が盛大に行なわれた。その後、度重なる戦火で大仏や伽藍は再三破壊されたが、そのつど再建され、現在も「奈良の大仏」の威容を誇っている⑥毘盧舎那仏（重文、天平）、南大門（国宝、鎌倉）、三月堂（国宝、天平）、不空羂索観音（国宝、天平）ほか国宝、重文多数⑦お水取り（旧暦二月）。

# 【参詣ガイド――全国寺院巡り】

## ●興福寺《こうふくじ》

①釈迦如来②法相宗《ほっそうしゅう》大本山③奈良市登大路町《のぼりおおじ》④近鉄奈良線・奈良駅から徒歩五分⑤はじめ山科《やましな》に創建された山階寺《やましなでら》が前身で、和同三年（七一〇）に現在地に移転、興福寺と名づけられた⑥五重塔、東金堂《ひがしこんどう》（以上、国宝、室町）、天燈鬼《てんとうき》・龍燈鬼《りゅうとうき》（国宝、鎌倉）、阿《あ》修羅《しゅら》像（国宝、天平）ほか、仏像多数⑦心経会《しんぎょうえ》（一月四日）、仏名会《ぶつみょうえ》（一月十五日）、行基会《ぎょうきえ》（二月二日）。

## ●唐招提寺《とうしょうだいじ》〔異称・招提寺《しょうだいじ》〕

①盧《る》舎那《しゃな》仏《ぶつ》②律宗《りっしゅう》総本山③奈良市五条町④近鉄奈良線・西ノ京駅からバスで一〇分⑤天平宝字《てんぴょうほうじ》三年（七五九）、聖武《しょうむ》天皇、孝謙《こうけん》天皇の勅願によって中国僧・鑑真《がんじん》が創建した戒律の専門道場⑥盧舎那仏坐像（国宝、天平）、金堂（国宝、天平）鑑真和上《わじょう》像（国宝、天平）ほか、国宝、重文多数⑦開山忌《かいざんき》（六月六日）。

## ●薬師寺《やくしじ》

①薬師三尊②法相宗《ほっそうしゅう》大本山③奈良市西ノ京町④近鉄奈良線・西ノ京駅下車⑤天武《てんむ》天皇が皇后の病気平癒を祈願して建立を発願。文武《もんむ》天皇の二年（六九八）に主要な伽藍が完成した。もと藤原京《ふじわらきょう》にあったが、平城京への遷都にともない現在地に移された。その後、火災で堂塔の大半を失ったが、近年になって順次再建された⑥東塔《とうとう》（国宝、奈良）、仏足石《ぶっそくせき》（国宝、天平）ほか、国宝、重文多数⑦修正会《しゅしょうえ》（一月一日～十四日）、花会《はなえ》式《しき》（三月三十日～四月五日）、慈《じ》恩会《おんね》（十一月十三日）。

## ●西大寺《さいだいじ》〔秋篠山《あきしのざん》〕

①釈迦如来②真言律宗《しんごんりっしゅう》総本山③奈良市西大寺芝町④近鉄奈良線、京都線・大和西大寺駅下車⑤天平神護《てんぴょうじんご》

元年（七五六）、称徳《しょうとく》天皇の勅願で建てられた。東の東大寺に対して西の寺という意味で西大寺と名づけられた⑥釈迦如来立像、金銅宝塔、金銅宝珠形舎利塔（いずれも国宝、鎌倉）ほか、国宝、重文多数⑦大茶祭（四月第二土・日曜、十月第二日曜）。

●**新薬師寺《しんやくしじ》〔日輪山《にちりんざん》、異称・香薬師寺《こうやくしじ》〕**

①薬師如来②華厳宗《けごんしゅう》③奈良市高畑町④近鉄奈良線・奈良駅からバスで一〇分⑤天平二一年（七四七）に光明《こうみょう》皇后が聖武天皇の眼病平癒を願って建立した。寺名は「新しい薬師寺」ではなく、「（霊験《れいげん》）新《あら》たかな薬師寺」という意味⑥薬師如来坐像（国宝、平安）、十二神将《じゅうにしんしょう》立像（国宝、天平）など国宝多数⑦おたいまつ（四月八日）。

●**法華寺《ほっけじ》〔異称・法華滅罪之寺《ほっけめつざいのてら》〕**

①十一面観音②真言律宗③奈良市法華寺中町④近鉄奈良線・奈良駅からバスで一〇分⑤東大寺は女人の立ち入りが禁じられていたため、光明皇后が総国《そうこく》分尼寺《ぶんにじ》として建立した寺⑥十一面観音立像（国宝）、維摩居士《ゆいまこじ》像（重文）⑦ひな会式《えしき》（四月一日〜七日）。

●**中宮寺《ちゅうぐうじ》〔法興山《ほうこうざん》、異称・斑鳩尼寺《いかるがにじ》〕**

①弥勒菩薩②聖徳宗《しょうとくしゅう》③奈良県生駒郡斑鳩町法隆寺北④JR大和路線・法隆寺駅からバスで二〇分⑤法隆寺の夢殿《ゆめどの》と隣接するこの寺は、聖徳太子の母の宮を寺院にしたのが起源といわれる。一六世紀後半からは皇女《こうじょ》が入寺して門跡《もんぜき》寺院となった⑥弥勒菩薩半跏《みろくぼさつはんか》思惟《しゆい》像（国宝、飛鳥）、天寿国曼荼羅繍帳《てんじゅこくまんだらしゅうちょう》（国宝、飛鳥）ほか。

●**飛鳥寺《あすかでら》〔鳥形山《とりかたやま》、異称・安居院《あんごいん》、法興寺《ほうこうじ》、飛鳥大仏《あすかだいぶつ》〕**

①釈迦如来②真言宗豊山派《ぶざんは》③奈良県高市郡《たかいちぐん》明日香村

飛鳥④近鉄橿原《かしはら》線・橿原神宮駅からバスで一〇分⑤蘇我馬子《そがのうまこ》の発願により、推古天皇四年（五九六）に創建された、わが国最初の寺院⑥金銅釈迦如来坐像（飛鳥大仏。重文、飛鳥）。

**●当麻寺《たいまでら》〔二上山《にじょうざん》〕**

①当麻曼荼羅《まんだら》②古義真言・浄土両宗③奈良県北葛城《きたかつらぎ》郡当麻町当麻④近鉄南大阪線・当麻駅下車⑤聖徳太子の弟の麻呂子《まろこ》王が河内《かわち》（大阪）に建立した万法蔵《まんほうぞう》院《いん》を、天武天皇九年（六八一）に当地に移したのが起源。当麻曼荼羅で有名。この当麻曼荼羅は、右大臣・藤原豊成《とよなり》の娘の中将姫《ちゅうじょうひめ》が蓮の繊維で織ったと伝えられるもの。当麻曼荼羅絵巻や浄瑠璃、謡曲などのテーマとなり、浄土信仰・当麻寺信仰を世に広めた⑥当麻曼荼羅（国宝、天平）、本堂（国宝、天平）ほか、重文・国宝多数⑦二十五《にじゅうご》菩薩《ぼさつ》練供《ねりく》養会《ようえ》式《しき》（五月十四日）。

**●長谷寺《はせでら》〔豊山《ぶざん》、異称・初瀬寺《はつせでら》、豊山寺《ぶざんじ》、花の寺〕**

①十一面観音②真言宗豊山派総本山③奈良県桜井市初瀬④近鉄奈良線・長谷駅下車⑤朱鳥《しゅちょう》元年（六八六）に天武天皇の勅願により、三重塔が建てられたのが起源。西国三十三観音の第八番札所⑥登廊《とろう》（重文、江戸）、仁王門（重文、江戸）ほか⑦だだ押し（二月八日〜十四日）ほか。

## 近畿地方の寺院

### ●延暦寺《えんりゃくじ》〔比叡山《ひえいざん》〕

①釈迦如来②天台宗総本山③滋賀県大津市坂本本町

▲延暦寺の横川《よかわ》中堂

④京都駅からバスで一時間一〇分、延暦寺下車⑤延暦四年（七八五）に伝教大師最澄《でんぎょうだいしさいちょう》がこの地に草庵《そうあん》を結んだことに始まる。同七年には薬師如来をまつって一乗止観院《いちじょうしかんいん》を建立した。これが現在の根本中堂《こんぽんちゅうどう》である。最澄はここを根本道場として天台法華宗《てんだいほっけしゅう》（天台宗）を創始し、天皇の勅願により都の鬼門を護る鎮護国家の道場となった。また、多くの碩学《せきがく》が比叡山で学んだ⑥根本中堂（回廊が重文、江戸時代の再建）、戒壇院《かいだんいん》（重文）ほか⑦修正会《しゅしょうえ》（十二月三十一日～一月三日）、御修法《みしゅほう》（四月四日～十一日）ほか。

### ●石山寺《いしやまでら》〔石光山《せっこうざん》〕

①如意輪観音②真言宗③滋賀県大津市石山寺④ＪＲ東海道本線・石山駅からバスで一〇分、国分町下車、徒歩一五分⑤天平勝宝《てんぴょうしょうほう》元年（七四九）、聖武《しょうむ》天皇が東大寺の大仏鋳造のために黄金を求め、東大寺開山の良弁《ろうべん》に如意輪観音をまつって祈願させたのが起源。

西国三十三観音の第十三番札所⑥本堂（国宝、平安）、多宝塔（国宝、鎌倉）、石山寺珪灰石《けいかいせき》（境内に露出した奇岩・天然記念物）ほか、国宝、重文多数⑦石山祭（五月五日）、明月紫式部祭（九月仲秋）。

▲石山寺の仁王門

## ●園城寺《おんじょうじ》〔長等山《ちょうとうざん》、異称・三井寺《みいでら》〕

①弥勒菩薩②天台寺門宗《じもんしゅう》総本山③滋賀県大津市園城寺町④京阪京津線《けいしんせん》・浜大津駅から徒歩二五分⑤天武天皇二年（六七四）の創建。後に天台宗寺門派の本拠地となった⑥金堂（国宝、桃山）、絹本着色《けんぽんちゃくしょく》不動明王像（国宝、平安）ほか⑦千団子《せんだんご》祭《さい》（五月十六日～十八日）。

## ●金剛峯寺《こんごうぶじ》〔高野山《こうやさん》〕

①大日如来・弘法大師・薬師如来②高野山真言宗総本山③和歌山県伊都《いと》郡高野町高野山④南海電鉄高野線・極楽橋駅からケーブルカー、高野山駅からバスで一〇分⑤古くから山岳修行の聖地だったが、弘仁《こうにん》七年（八一六）、空海がここに真言密教の道場を開き、以降、中心地となった⑥不動堂（国宝、鎌倉）、阿弥陀聖衆来迎図《しょうじゅうらいごうず》（国宝）ほか、国宝、重文多数⑦常楽《じょうらく》

会《え》（二月十四日〜十五日）、弘法大師誕生会（六月十五日）。

**●護国院《ごこくいん》〔紀三井山《きみいざん》、通称・紀三井寺〕**

①十一面観音②救世《くせ》観音宗《かんのんしゅう》総本山③和歌山県和歌山市紀三井寺④JR紀勢本線・紀三井寺駅から徒歩一〇分⑤奈良時代の創建で、平安時代に花山《かざん》天皇が西国観音霊場の第二番札所に定めて以降、観音霊場として信仰を集めた。山号の由来は、境内に三つの霊泉（井戸）があったことにより、近江（滋賀県）の三井寺と区別して、頭に紀州（和歌山）の字を冠したことによるという⑥鐘楼（重文、戦国）、多宝塔（重文、室町）。

**●根来寺《ねごろじ》〔一乗山《いちじょうざん》〕**

①金剛界大日如来②新義《しんぎ》真言宗総本山③和歌山県那《な》賀《が》郡岩出町根来④JR和歌山線・岩出駅からバスで一〇分、根来下車、徒歩二〇分⑤大治《だいじ》五年（一一三〇）に興教大師覚鑁《こうぎょうだいしかくばん》が高野山の門徒と対立して山を下り、根来寺に身を寄せた。覚鑁の没後、高野山から独立して新義真言宗と名乗った⑥多宝塔（国宝、桃山）、絹本着色仏涅槃図《けんぽんちゃくしょくぶつねはんず》（重文）ほか⑦興教大師誕生会（六月十七日）

**●四天王寺《してんのうじ》〔荒陵山《あらはかさん》〕**

①救世《くせ》観音②和宗《わしゅう》総本山③大阪市天王寺区四天王寺④大阪市営地下鉄・四天王寺駅から徒歩五分⑤推古《すいこ》天皇元年（五九三）、聖徳太子が日本で最初の官寺《かんじ》として創建したと伝えられる。長く天台宗に属したが、近年、独立して和宗となっている⑥『扇面法華経《せんめんほけきょう》冊子《さっし》』（国宝、平安）、聖徳太子の「懸守《かけまもり》」（国宝、飛鳥）、七星剣《しちせいけん》（国宝、飛鳥）、阿弥陀三尊像（重文、平安）ほか⑦修正会（「どやどや」、一月十四日）。

### ●道明寺《どうみょうじ》〔蓮土山《れんどさん》、異称・土師寺《はじでら》〕

①十一面観音②真言宗御室《おむろ》派③大阪府藤井寺市道明寺④近鉄南大阪線・道明寺駅から徒歩四分⑤推古《すいこ》天皇二年（五九四）、菅原道真《すがわらのみちざね》の祖、土師《はじ》氏の氏寺として創建されたという尼寺。道真が太宰府《だざいふ》に左遷されるとき、叔母の覚寿尼《かくじゅに》に別れを告げ、自刻の像を残したという。歌舞伎の『菅原伝授手習鑑《すがわらでんじゅてならいかがみ》』の名場面として知られる⑥十一面観音立像（国宝、平安）⑦菜種《なたね》の御供《みく》（三月二十五日）、仏名会《ぶつみょうえ》（十一月二十四日～二十六日）。

## 中国・山陰地方の寺院

### ●安養寺《あんにょうじ》〔朝原山《あさはらざん》〕

①阿弥陀如来②高野山真言宗③岡山県倉敷市浅原④ＪＲ山陽本線・倉敷駅から徒歩で四〇分、またはタクシーで一〇分⑤平安後期の創建だが、保延《ほうえん》元年（一一三五）に鳥羽上皇《とばじょうこう》が百体の毘沙門天像を奉納して以来、朝原山毘沙門天として信仰されている⑥兜《と》跋《ばつ》毘沙門天立像（重文、平安）、吉祥天立像（重文、平安）。

### ●本蓮寺《ほんれんじ》〔経王山《きょうおうざん》〕

①十界曼荼羅《じっかいまんだら》②法華宗本門流《ほっけしゅうほんもんりゅう》③岡山県邑久《おく》郡牛窓《うしまど》町④ＪＲ赤穂線・邑久駅からバスで二〇分⑤延元《えんげん》三年（一三三八）、京都・妙顕寺《みょうけんじ》の大覚《だいかく》大僧正、妙実《みょうじつ》が法華堂《ほっけどう》を建てたのが始まりという。その後、

京都・本能寺《ほんのうじ》の日隆《にちりゅう》などが入寺し、領主・石原氏の庇護のもとに栄えたが、戦国時代になると石原氏の衰退とともに寺勢も衰えた。しかし、江戸時代には寺領を与えられ、朝鮮通信使の宿泊所としても利用された⑥本堂（重文、法華宗本堂としては最古のもの）、番神堂《ばんじんどう》（重文、『法華経』を護る法華守護三十番神をまつる法華宗特有の建物）ほか。

## ●明王院《みょうおういん》〔中道山《ちゅうどうさん》〕

①十一面観音②真言宗大覚寺派《だいかくじは》③広島県福山市草戸《くさど》町④ＪＲ山陽新幹線・福山駅からバスで一〇分、草戸大橋下車、徒歩一五分⑤大同二年（八〇七）に弘法大師空海が常福寺《じょうふくじ》という真言宗の寺院を開いた。それがこの寺の起源と伝えられている。その後、江戸時代の初期（一六五五年ごろ）に、福山藩主の水野勝貞《かつさだ》が近くにあった明王院円光寺と合併させ、中道山円光寺明王院と改めた。江戸時代を通じて水野家の祈禱寺《きとうでら》として繁栄した。また、草戸《くさど》千軒《せんげん》という門前町も大いに賑わったが、延宝《えんぽう》元年（一六七三）の大洪水により、一夜にして門前町は全滅したという⑥本堂、五重塔（以上、国宝）、十一面観音（重文）。門前町・草戸千軒の遺跡は「日本のポンペイ」として知られている。

## ●東光寺《とうこうじ》〔護国山《ごこくさん》〕

①釈迦如来②黄檗宗《おうばくしゅう》③山口県萩市椿東④ＪＲ山陰本線・萩駅から徒歩三〇分⑤元禄四年（一六九一）、長州藩三代藩主、毛利《もうり》吉就《よしもと》が深く帰依していた江戸の慧極《えきょく》僧正を開山に招き、薬師如来をまつって一寺を建立したのが起源。以降、毛利氏の菩提寺となり、黄檗三叢林《そうりん》（学問所）の一つとして栄えた⑥山門（重文、黄檗宗独特の様式）、本堂・鐘楼（以上、重文）。

## ●功山寺《こうざんじ》〔金山《きんざん》〕

①釈迦如来②曹洞宗③山口県下関市長府川端④ＪＲ山陽本線・長府駅からバスで七分、鳥居前下車、徒歩一〇分⑤鎌倉末期に臨済宗の寺院として創建され、足利尊氏《あしかがたかうじ》や足利直冬《なおふゆ》らの寄進により大いに栄えた。江戸時代に曹洞宗に改宗し、幕末には、倒幕運動の舞台ともなった⑥仏殿（国宝、鎌倉）、地蔵菩薩半跏《はんか》像《ぞう》（県文化財、平安）。

### ●三仏寺《さんぶつじ》〔美徳山《みとくさん》〕

①釈迦如来・阿弥陀如来・大日如来②天台宗③鳥取県東伯《とうはく》郡三朝《みささ》町三徳④ＪＲ山陰本線・倉吉駅からバスで四〇分、三徳下車⑤役行者《えんのぎょうじゃ》の開創と伝えられる。嘉祥《かしょう》二年（八四九）には慈覚大師《じかくだいし》円仁《えんにん》が訪れて堂塔を整備し、本堂に釈迦・阿弥陀・大日の三体の如来像を安置したという。寺号の「三仏寺」は、この三体の仏像にちなむ。⑥投入堂《なげいれどう》（国宝、平安）、蔵《ざ》王権現《おうごんげん》像（重文、平安）。

## 四国地方の寺院

### ●本山寺《もとやまじ》〔七宝山《しっぽうざん》〕

①馬頭観音菩薩②高野山真言宗③香川県三豊《みとよ》郡豊中《とよなか》町本山甲④ＪＲ予讃《よさん》線・本山駅下車⑤寺伝では、弘法大師が一夜にして建てたという。四国霊場第七十番札所⑥本堂（国宝、鎌倉）、仁王門（重文、鎌倉）⑦胡瓜加持《きゅうりかじ》（土用丑《うし》の日）。

### ●雲辺寺《うんぺんじ》〔巨鼇山《きょごうざん》〕

①千手観音②真言宗御室《おむろ》派③徳島県三好郡池田町佐馬地④ＪＲ予讃線・観音寺駅からバスで二〇分、落合下車、徒歩三〇分、雲辺寺ロープウェイ山麓駅からロープウェイで六分⑤寺伝には、弘法大師の創建と伝えられている。真言密教の道場として栄え、「四国高野《しこくこうや》」と呼ばれている。四国霊場第六十六番

札所⑥千手観音坐像（重文、鎌倉）、毘沙門天立像（重文、平安）。

●屋島寺《やしまじ》〔南面山《なんめんざん》〕

①千手観音②真言宗御室《おむろ》派③香川県高松市屋島東町④JR高徳《こうとく》線・屋島駅からケーブルカー、山上下車⑤天平勝宝《てんぴょうしょうほう》年間（七四九〜七五六）に来日した鑑真《がんじん》和上《わじょう》が都に赴く途上、この地に立ち寄り、お堂を建立して普賢《ふげん》菩薩をまつったのが始まりと伝えられている。その後、弘仁《こうにん》元年（八一〇）に弘法大師空海が一夜にして伽藍《がらん》を築き、千手観音をまつったといい、弘法大師を中興の祖とする。また、屋島は平家一門が安徳《あんとく》天皇を奉じて落ち延びた地で、屋島寺にも源平合戦ゆかりの品が数多く納められている。四国霊場第八十四番札所⑥本堂（重文、鎌倉）、釈迦如来像（鑑真和上自刻と伝えられる）、源平ゆかりの遺品。

●太山寺《たいざんじ》〔瀧雲山《りょううんざん》〕

①十一面観音②真言宗智山《ちざん》派③愛媛県松山市太山寺町④JR予讃線・伊予和気《いよわけ》駅から徒歩三〇分⑤敏達《びたつ》天皇の治世（六世紀）に豊後《ぶんご》の真野《まの》長者が海難事故に遭ったとき、観音に救われたことに感謝して、一夜のうちにお堂を建てたと伝えられている。平安時代には歴代天皇の尊崇を受けて、大いに栄えた⑥本堂（国宝、鎌倉）、仁王門（重文、鎌倉）ほか⑦真野長者祭（四月十五日）。

●豊楽寺《ぶらくじ》〔太田山《おおたさん》、異称・柴折薬師《しばおりやくし》〕

①薬師如来②真言宗智山派③高知県長岡郡大豊町《おおとよちょう》寺内④JR土讃《どさん》線・太田口駅から徒歩四〇分⑤行基《ぎょうき》菩薩の開山と伝えられる。平安末期には堂塔が整備され、その後、大いに栄えた。本尊の薬師如来は日本三大薬師の一つ⑥本堂（国宝、平安）。

## 九州地方の寺院

### ●観世音寺《かんぜおんじ》〔清水山《せいすいざん》、異称・観音寺《かんのんじ》〕

①聖観音②天台宗③福岡県太宰府《だざいふ》市観世音寺④西鉄大牟田線・都府楼駅から徒歩一五分⑤天平一八年（七四六）の創建。かつては日本三戒壇（正規の僧侶になるために戒律を授ける寺院）の一つとして栄えた⑥梵鐘（国宝、白鳳）、阿弥陀如来坐像（重文、平安）、観音菩薩坐像（重文、平安）ほか。

### ●興福寺《こうふくじ》〔東明山《とうめいざん》、異称・唐寺《からでら》、南京寺《なんきんでら》〕

①釈迦三尊②黄檗宗《おうばくしゅう》③長崎県長崎市寺町④市電・公会堂前駅から徒歩一〇分⑤明（中国）の帰化人、欧《おう》陽《よう》氏の別荘を、明僧真円《しんえん》を迎えて寺院にしたのが始まり。同じく唐寺の異称を持つ崇福寺（二一三ページを参照）とともに長崎在住の中国人の菩提寺として信仰を集めてきた。なお、宇治万福寺を開いた日本黄檗宗の祖、隠元《いんげん》は興福寺の住職逸然《いつねん》の招聘《しょうへい》によって来日した⑥本堂（重文、中国式寺院建築の貴重な遺構）・旧唐人屋敷門（重文、もと市内にあったものを移築）。

### ●富貴寺《ふきじ》〔蓮華山《れんげざん》、異称・富貴《ふき》の大堂《たいどう》〕

①阿弥陀如来②天台宗③大分県豊後高田市蕗《ふき》④JR日豊本線・宇佐駅からバスで四〇分⑤養老二年（七一八）、仁聞《にんもん》法師の創建と伝えられる。かつては六坊を持ち、大勢の僧侶を抱える大寺だったが、現在は大堂と本堂を残すのみ。大堂は、九州で唯一の平安時代の建物⑥大堂（国宝、平安）、阿弥陀如来坐像（重文、平安）。

### ●伝乗寺《でんじょうじ》〔馬城山《ばじょうさん》、異称・真木《まき》の大堂《たいどう》〕

①阿弥陀如来②天台宗③大分県豊後高田市真中④J

Ｒ日豊本線・宇佐駅からバス、豊後高田で乗り換え、平下車⑤「富貴の大堂」と並ぶ「真木の大堂」として親しまれている。また、周辺には磨崖仏《まがいぶつ》が多く見られる⑥阿弥陀如来坐像（重文、平安）、不動明王立像（重文、平安）、熊野磨崖仏（重文）。

## ●大興善寺《だいこうぜんじ》〔小松山《こまつざん》、異称・小松観音《こまつかんのん》〕

①一面観音②天台宗③佐賀県三養基《みやき》郡基山《きやま》町④ＪＲ鹿児島本線・基山駅からバスで一五分⑤霊亀《れいき》三年（七一七）、行基《ぎょうき》菩薩によって開かれたと伝えられ、その後、慈覚大師円仁《じかくだいしえんにん》によって中興された。寺号は円仁が唐に留学したときに学んだ大興善寺にちなんだもの⑥十一面観音立像（行基菩薩自刻と伝えられる秘仏で、十二年に一度、午《うま》年に御開帳がある）。

## ●蓮厳院《れんごんいん》〔金剛勝山《こんごうしょうざん》〕

①阿弥陀如来・薬師如来②真言宗御室《おむろ》派③佐賀県鹿島市山浦大殿分④ＪＲ長崎本線・肥前鹿島駅からバス、農協下車徒歩五分⑤寺伝によれば、延暦《えんりゃく》二三年（八〇四）に弘法大師空海が開いた。その後、盛衰を繰り返したが、承久《じょうきゅう》三年（一二二一）には新義《しんぎ》真言宗の祖、覚鑁《かくばん》が再興したと伝えられている⑥木造阿弥陀如来坐像二体、木造薬師如来坐像（いずれも重文で、平安時代中期の名仏師、定朝《じょうちょう》の作と伝えられる）。

## ●満願寺《まんがんじ》〔立護山《りつごさん》〕

①多聞天②高野山真言宗③熊本県阿蘇郡小国《おぐに》町満願寺④ＪＲ鹿児島本線・熊本駅からバスで二時間半、市原《いちばる》下車後、タクシーで一〇分⑤文永《ぶんえい》一一年（一二七四）、執権・北条時頼《ほうじょうときより》の弟の時定《ときさだ》が蒙古退散を祈願して建立した。その後、北条氏・阿蘇氏の庇護のもと大いに繁栄したが、天正一五年（一五八七）の国衆一揆により伽藍の大半を失った⑥北条時定・時宗像（ともに重文）、満願寺庭園ほか。

〈参考文献〉
『仏教通史』（平川彰著、春秋社）
『新・仏教辞典』（中村元監修、誠信書房）
『仏教植物散策』（中村元編著、東京書籍）
『新日本ガイド』（各都道府県版、ＪＴＢ）
『南無仏陀』（町田甲一著、保育社）
『仏教・インド思想辞典』（早島鏡正監修、春秋社）
『霊場の事典』（藤田庄一監修、学習研究社）
『古建築の細部意匠』（近藤豊著、大河出版）
『寺院・神社・住宅の見学必携〈総合編〉』（下村健治著、修成学園出版局）
『古建築のみかた図典』（前久夫著、東京美術）
『国史大辞典』（吉川弘文館）
……ほか

**瓜生　中**（うりゅう　なか）

1954年、東京に生まれる。早稲田大学大学院修了。東洋哲学専攻。仏教・インド思想関係の研究、執筆活動を行ない、現在に至る。著書に『仏像がよくわかる本』『死んだら何処へ行くのか』『やさしい般若心経』『古建築の見方・楽しみ方』（以上、PHP研究所）、『古寺社巡りの愉しみ』（KKベストセラーズ）、『仏教入門』（大阪創元社）、共著に『般若心経の世界』（日本文芸社）、『名僧の生死観』（佼成出版社）、『仏像入門』（大阪創元社）などがある。

装丁　亀海昌次
装画　小野寺美恵
写真提供　矢野建彦　横山健蔵
福岡県東京事務所　岩手県観光協会
東京国立博物館
図版提供　佐伯義郎　東京美術
図版制作　（株）広研
本文イラスト　大山高寛
編集協力　（株）元気工房
編集　福島広司　鈴木恵美　飯島恭子（幻冬舎）

知識ゼロからの　**お寺と仏像入門**

2003年１月30日　第１刷発行
2013年２月10日　第９刷発行

著　者　瓜生　中
発行人　見城　徹
編集人　福島広司

発行所　株式会社 幻冬舎
〒151-0051　東京都渋谷区千駄ヶ谷4-9-7
電話　03-5411-6211（編集）　03-5411-6222（営業）
振替　00120-8-767643
印刷・製本所　株式会社 光邦

検印廃止


ISBN4-344-90041-3 C2076
Printed in Japan
幻冬舎ホームページアドレス　http://www.gentosha.co.jp/
この本に関するご意見・ご感想をメールでお寄せいただく場合は、comment@gentosha.co.jpまで。